正義とは何か

森村 進

JN052850

講談社現代新書

2735

凡例

本書において、「　」は引用（部分的省略のある場合も含む）のために、〈　〉は要約的紹介や従属節や概念の明示化のために用いる。本文中に引用した古典的書物と特に利用した研究文献の書誌情報は巻末のあとがきにまとめて挙げる。引用文については、著者の判断により用語や表記を変更したり一部省略した箇所がある。また引用内の［　］は著者による補注である。

はじめに――いま、なぜ過去の正義論を見直すのか？

忘れられている「正義」の多様性

　今から十年余り前、アメリカの政治哲学者マイケル・サンデルの講義「ハーバード白熱教室」「正義」とは何か」がＮＨＫで放送され、また基本的にこの講義に基づく著書『これからの「正義」の話をしよう』（早川書房）も翻訳され、いずれも多くの視聴者・読者を集め、日本でにわかに正義論への関心が高まりました。人々が正義についてしばしば歪んだ党派的な宣伝に頼らず、多様な見解を知って理性的に考えることは大変よいことですから、この現象自体は歓迎すべきことでしたが、私にはいくらかの不満も残りました。

　その不満の理由は、サンデルの政治思想が私自身のものとかなり違うということもありますが、それはむしろ二次的なものでした。彼が紹介する正義論へのアプローチが政治的正義（あるいは「社会正義」と呼ばれることも多い）にばかり重点を置きすぎていて、それ以外の理解の仕方を軽視していると思ったからです。公的意思決定に関する政治的正義も重要ですが、それだけが正義論の領域ではありません。正義という観念はもっと私的な日常生活においても重要な役割を果たしていて、われわれの行動に指針を与えるものなので、〈公人でないわれわれは個人としてどのように行動すべきか？〉という問題を考える際には、政治的正義論だけでは不十分です。もっと悪くすると政治的正義論は不適切かもしれません。

アメリカの政治哲学者ジョン・ロールズの『正義論』（原書初版は一九七一年、改訂版は一九九九年）以来の現代正義論はもっぱら政治的正義を論ずるようになりました。しかし正義論の長い歴史を見ると、それは決して当然のことではありません。正義の問題について十分に考えるためには、個人の行動や性格の正しさを論じてきたロールズ以前の正義論について知ることが不可欠です。

とはいえ、歴史上有名な哲学者に限っても彼らの正義観は極めて多様でした。たとえば古代ギリシアのプラトンは、正義とは魂の中の三部分の調和がとれている状態だと考えましたが、アリストテレスは、正義とは本人と他の人々との関係において現れる徳だと言いました。十八世紀中葉スコットランドのデイヴィド・ヒュームは、正義とは所有と譲渡と約束の規則のことだと想定した一方、ヒュームの年下の友人だったアダム・スミスは、正義とは害悪の行動に対してそれぞれにふさわしい仕方で報いることだと主張しました。また功利主義の元祖であるジェレミー・ベンサムによれば、正義とは慈愛の要請の一部にすぎません。そして前の段落であげたロールズは、正義とは自由で平等な市民からなる政治共同体の基本構造の性質だと断定しました。

正義に関するこれらの見解は一見してかなり異なっています。一体それらに共通する正義の要素は存在するでしょうか？　またそれらの正義論はどの点で異なり、どの点で共通しているでしょうか？　本書は思想史上に登場するいくつかの重要な正義論の特徴を説明し、それらの思考のパターンを解明し分類することによって、この課題に答えようとするものです。

本書のアプローチ

私はこれまでいくつかの大学における「法哲学」の講義の中で何人かの重要な哲学者の正義観について話す機会があり、講義の準備をしながらさまざまの発見や着想を得てきました。これらの発想は断片的なものが多かったので、私はその多くを文章の形で公表してきませんでしたが、〈彼ら哲学者たちは正義論の対象としてそもそも何を想定していたのか？〉という観点から比較検討すれば一書としてまとめることができるのではないか、と思いついて書き下ろしたのが本書です。

私がこのような執筆態度をとったのは、二十世紀中葉に活躍したオックスフォード大学の哲学者ギルバート・ライルと同様、「ある一人の哲学者の思想についてのみ研究するのではなく、多くの哲学者の思想を比較するようなスタイルの研究が重要である」（児玉聡『オックスフォード哲学者奇行』明石書店、二〇二二年、三〇八頁）と考えているからです。実際、一人の哲学者だけを研究する人は一ヵ国語しか知らない人のようなものでしょう。それに対して複数の哲学者の比較検討は、それぞれの思考様式・問題関心を明らかにして彼らの思想の特徴づけに役立つとともに、当該のトピックに対する多様な見方を与えてくれるという点で意義が大きいというのが私の観察です。

ただし私は本書を執筆する際、それぞれの哲学者の思想全体の中での正義論の位置づけにはほとんど触れていません。私は各人の思想の全体像を提示しようとしたわけではありません。だからたとえばロックの章では『人間知性論』に、スミスの章では『国富論』に、カントの章では『純粋理性批判』に、ほとんどあるいは全く触れることがありません。そもそも本書で取り上げた哲学者のうち、現存する著作のすべてを私が読んだのはプラトンとスミスだけで、それ以外は主要著作さえ全部は通読していないことが大半です。

したがって、彼らの正義論に関する私の紹介には一面的なこともあるでしょう。たとえば〈ホッブズは社会契約論者でもなければ民主主義者でもない〉という私の解釈に賛成しない人がいるでしょう。また私のカント道徳哲学解釈は厳格主義的すぎてカントを戯画化するものだと考える人がいるかもしれません。しかし私が本書で取り上げる部分は、ともかく強調するに足る重要な側面に違いないと信じています。一般的に言って、甲という哲学者がある個所でAという主張を行い、別の個所でそれと両立しないBという主張を行っているとき、〈甲はBと書いているのだからAとは考えていなかった〉と言うことはできません。哲学者も矛盾したことを平気で言ったり信じたりすることがあるからです――特に別々の著作では。研究者が甲のAとBのどちらか一方あるいは両方を取り上げるかは、研究者が持っている問題関心によって違ってきてよいはずです。

また本書にはあの哲学者やこの思想家の正義論の検討、それどころか言及さえ欠けている――他方で十七世紀後半から十八世紀のヨーロッパ人の著作の検討が優に半分以上を占めているのに――という不満を感ずる読者がいるかもしれません。その不満に答えて言うと、本書で取り上げていない思想家は、私が彼らの正義論を理解する能力と理解したいという熱意のいずれか、あるいは両方を欠いているためにそうなったのです。

本書の記述は序章を別にすると年代順ですが、これは多分に便宜上の問題で、通常の思想史のように影響関係とか思想の伝統といった歴史性をことさら重視してはいません。私は本書を正義の理念の発展や進歩の歴史としては書きませんでした。また政治・社会・経済の状況と結びつける社会思想史的アプローチも取っていません。以上書いたところから推測されるかもしれませんが、私のアプローチは類型学的であって歴史学的ではありません。ただし個々の哲学者の思想を理解するために役立つ限りで、歴史的文脈も考慮しました。

最後の第九章では、今から半世紀以上前の一九七一年に主著『正義論』を公刊したロールズとそれに対する重要な批判を取り上げ、それ以後は現代史だと考えて、ここまでで筆をおくことにしました。というのは何よりも、私を含む日本の多くの研究者はすでに現代正義論について多くの概説的・研究的著作を公刊しているので、参照すべき文献が不足していないからです。

また最初に簡単に書いたことを敷衍《ふえん》することになりますが、現代の正義論、特にリベラル派の正義論の多くが、〈社会における財や権利の分配〉というロールズの設定した土俵の上か、さもなければ市民間の平等な地位という点でばかり論じられていて、正義論の対象という点では多様性が乏しく、それ以前の正義論との断絶すら感じられるからでもあります。大ざっぱに言えば、ロールズ以前の正義論は**複数の個人や団体のあいだの相互行為と関係**に焦点を当てているのに対して、ロールズ以後の正義論は**社会全体がめざすべき政治的目的**を問題としています。法学の用語を使って言えば、前者は私法（プラス刑法）的アプローチ、後者は公法（プラス政策）的アプローチとも言えるでしょう。

私は途中の部分でも各哲学者の議論の検討と評価を通じてしばしば正義論に関する私の見解を述べますが、ロールズに関する最終章では自分の正義観を一層正面から打ち出します。その見解は個人の自由を最大限重視するリバタリアニズムの一種と分類できるものです(リバタリアニズムについてもっと詳しいことは、私が以前本書と同じ講談社現代新書から刊行した『自由はどこまで可能か――リバタリアニズム入門』を読んでください)。そのため読者の皆さんが〈お前はさまざまの哲学者の正義論について偉そうに整理したり論評したりしているが、お前自身の正義観はどうなのか?〉という不満を抱くことはないはずです。

本書は以上述べたような非歴史主義的な論述方法をとっていますから、必ずしも順を追って読む必要はありません(ただし第一―二章、第三―四章、第五―六章、はそれぞれまとまりがあるので、続けて読む方がよいでしょう)。しかしすぐ後に続く序章は最初に読んでもらいたいと希望します。私はそこで本書を通じて用いられることになる「正義」の一般的な概念と、いくつかの分析視野を説明しているからです。第一章以下のどの章も、読者がこの序章をすでに読んでいることを前提としています。

目次

序章　正義論のさまざまなパターン

——本書のねらい

正義の一般的な性質

『岩波 国語辞典』は「正義」という言葉を「正しい道理。人間行為の正しさ」と定義している。だがこれは現代の日本語の用語法としてはともかく、私の考える「正義」、そして本書で取り上げるさまざまな「正義」とも同じではない。第一に、「正しい道理」というのは広範すぎる。これでは道徳全体を含んでしまうことになる。次に、「人間行為の正しさ」は確かに正義の重要な部分だが、それ以外にも規則や制度や、時には人柄の正しさも正義と呼ぶことができる。

では私の考える正義概念の一般的特徴とは何か？ まずそれを説明しておこう。

それは第一に、一人の個人の生だけの中では問題にならず、複数の人々の間の関係に関する道徳的性質だ。たとえば無人島に漂着したロビンソン・クルーソーの場合、自分にとっての〈善いものと悪いもの〉は存在するが、他の人々との関係における〈正と不正〉は存在しない。正不正は彼がフライデーと出会ったときに生じたのである。この事情は、英語を用いて〈正 just; right と不正 unjust; wrong は、善 good と悪 bad とは別の種類の価値である〉と表現することもできる。だが日本語の「善／悪」という言葉は「正／不正」をも含む広い意味で用いられることが多いから、むしろ〈正／不正は、幸福／不幸とは別の種類の価値である〉と言った方がわかりやすいかもしれない。本書では、他者との関係で問題になるという正義のこの性質を簡潔に**「対他性」**と呼ぶことにする。

第二に、およそあらゆる価値は、〈それが実現されることは望ましい〉とか〈そうすることには理由がある〉という性質を持っている、というか、そういった性質そのものである。しかし正義という価値はそれだけにとどまらず、〈なされるべし〉という規範性 normativity も持っている。それもたいていの場合、他の価値に優越する規範性を持っている。私は〈規範性〉、言い換えれば〈べし ought〉という観念は、時間とか空間とか数といった概念と同じように、もはやそれ以上分析できないが誰でも理解している基本的な観念だと思うから、読者もそれを共有していると前提して、それ以上説明しない。

また実践的な価値の中でも、正義はたとえば効率とか恩義といった他の諸価値よりも優越するとしばしば言われる。正義のこの性質は**「優越性」**と呼ぶことができる。その極端な形は「世界が滅びるとも正義は行われよ fiat iustitia, pereat mundus」というラテン語の諺《ことわざ》に表現されている。だがそんな極論まで行かなくても、正義はそれ以外の道徳的考慮よりも重みを持つという発想は広く認められている。

私はこのようにして、**正義は〈対他的で、通常他の価値よりも優越する規範性を持っている〉ということを一般的な特徴とする価値である**と考える。そして本書では、ある観念にこれらの性質が帰されていれば、たとえ「iustitia」とか「justice」とか「Gerechtigkeit」という言葉によって表現されなくても、それは正義の概念であると解釈する。だがそれはたとえば「カワイイは正義」といった、現代日本語の一部の用語法までカバーするものではない。最後のものは「正義」という言葉の転義的用法と言える。

ただし私は対他性と優越的規範性の二つが正義の本質だとか必要十分条件だとまで断定するつもりはない。たとえば第一章で見るプラトンは、正義をもっぱら個人の魂の状態として理解したために、正義の対他性をほとんど無視していた。また正義論との積極的な関係が乏しいので本書では取り上げないが、今日の徳倫理学（これについてはすぐ後で述べます）の支持者の中には、非人格的・普遍主義的で冷たい〈正義〉よりも、むしろ個別具体的な人間関係・絆を重視する温かい〈ケア〉や〈エンパシー〉の徳を称揚して、正義の優越性を否定する人々がいる。

しかしそれらの思想は正義論の中では例外に属する。対他性と優越的規範性は正義観念の普遍的な特徴ではないにしても、大部分の正義観念が共有している重要な特徴だというのが私の前提だ。これらの理由から、正義というものは、各人が自分の信じるように追求すればよいものではなくて、多様な人々に妥当すべき、押しつけがましい理念たらざるをえない。

正義論を分類するための二つの基準

私は本書でさまざまな正義観念を説明する際、**①その正義論は何を正義であると主張するのか**（正義の実質的内容）と、**②その正義論は一体何に関する正不正を主題として論ずるのか**（正義の対象）という二つの分類基準を用い、いずれの基準についても四つのタイプに分類してみる。このうち正義論の主題に関する後者の基準を明示的に用いるのは私だけかもしれない。両者は本書の随所に登場するから、読者はいくらか抽象的で無味乾燥と思われるかもしれない分類法の説明に我慢してつきあっていただきたい。

まず①その正義論は何を正義であると主張するのかという、前者の実質的内容に関する基準では、

（1）帰結主義　consequentialism
（2）義務論　deontology
（3）契約主義　contractualism; contractarianism
（4）徳倫理学　virtue ethics

という四つの立場が区別される。

次に②その正義論は一体何に関する正不正を主題として論ずるのかという、後者の対象に関する分類基準を考えることができる。さまざまな哲学者が展開する多様な正義論は、正不正を問題にしている一次的な対象がそもそも異なるのに、その事情が十分意識されないため議論がかみ合わない、あるいは一面的になる、ということがよくあるように思われる。そこで私は正義論の対象を、

(1)個々の行為・行動
(2)規則や原則などの行動基準
(3)社会の基本構造
(4)人の性格

という四種類に分けることにする。

この二つの四分法は決して相互に無関係ではない。本書を最後まで読んでもらえればわかるように、徳倫理学は正義論の対象を人の性格とするのが普通であり、義務論は行動基準に関心を持つことが多い。それでも私は両者の分類基準を区別することが議論を明確に

すると考える。
それでは、次にこの二つの分類基準を少し詳しく説明しよう。

正義の「内容」に関する四つの倫理学説

人間の行動やあり方に関する善悪とか正不正といった価値の内容を一般的に明らかにしようとする体系的思索は、規範倫理学 normative ethics と呼ばれる。その領域の諸説を、帰結主義・義務論・契約主義・徳倫理学に大きく四分することは、今日の倫理学界で一般的に行われている習慣である。

それぞれについて説明すると、まず（1）**帰結主義**とは、〈ある行為（あるいは規則など）の価値は、その帰結である状態の価値だけによって決定される〉という主張だ。帰結主義は、たとえば行為の帰結に着目すれば行為帰結主義、規則の帰結に着目すれば規則帰結主義と呼ばれる。帰結主義はまた、帰結の価値を何によって評価するかによっても区別される。その尺度を、人々あるいは感覚を持つ生物の「幸福・福利」（それが何であるか自体も大きな問題だが）に求めるのが、第八章で検討する「最大多数の最大幸福」を判断基準とする**功利主義**だ。

帰結主義と功利主義はしばしば同一視される。確かに幸福を道徳上無視することは難しく、それを一つの評価基準とすることには説得力があるが、あらゆる「幸福」を、そしてそれだけを、平等に尊重する必然性はない。幸福の性質によって道徳的な重みづけを変えたり、幸福以外の要素（たとえば美的価値）も評価の基準に含めたりするような、功利主義的でない帰結主義は十分可能である。

次に（２）**義務論**は帰結主義と反対に、〈行為や規則や制度にはその帰結状態に還元されない内在的な道徳的価値がある〉とする立場だ。その極端な例は第七章で検討するカントの倫理学で、これは具体的な帰結状態の価値を極めて軽視する。しかし帰結の価値もしかるべく考慮に入れて〈ある行為の正しさは、その帰結の価値だけではなく、その行為自体の内在的価値によっても決定される〉という見解を義務論と呼ぶ方が普通だ。

後者の用語法をとれば、帰結主義を否定する立場一般が義務論ということになる。本書では「義務論」という言葉をその広い意味で用いることにする。だからカント主義だけが「義務論」ではない。この用語法によれば、各人が負う基本的な義務ではなく、誰もが持っている基本的な権利に訴えかける近代的な自然権論あるいは人権思想もまた義務論の一種ということになる。

（３）**契約主義**は比較的最近になって自覚的に提唱されるようになった説だ。その典型的な定式化は、「人は、誰も合理的に斥《しりぞ》けることができない原理に従うべきである」（デレク・

パーフィット『重要なことについて』森村進訳、勁草書房、第一巻二一―二頁）というものである。別の言い方をすれば、〈人が合理的に斥けることができる原理に基づく行為は不正である〉ということになるだろう。契約主義は近世ヨーロッパでジョン・ロックなどによって提唱された社会契約論を発想源とするが、近世社会契約論が多かれ少なかれ国家の成立に関する歴史的説明として提唱されたのと違って、こちらははっきりと道徳原理を導き出すための仮説的思考実験として契約を考えている。

契約主義は、それ自体としては帰結主義にも義務論にも必然的に結びつくわけではない、かなり一般的な道徳理論の方法だ。契約主義が具体的にどのような正義観に結びつくかは、人がいかなる原理を〈合理的に斥けることができる〉と判断するかによって異なる。こう考えると、契約主義は帰結主義や義務論とはまた別のレベルにある道徳理論だという解釈もできるが、ともかくそれは、〈帰結状態あるいは／および行為それ自体だけに価値がある〉という帰結主義及び義務論の発想とは別だから、区別しておく。

最後に（4）**徳倫理学**は、行為の帰結状態や行為それ自体の価値よりも、各人が持つある程度持続的な性格・人となりこそが道徳上基本的な価値を持つとする。徳倫理学は古代ギリシア・ローマから中世にかけて有力だった発想で、近代では軽視されがちだったが、二十世紀後半から再評価されて現代倫理学の主要な一潮流になっている。

徳倫理学も人間のいかなる性質を高く評価するかによっていくつものヴァージョンに分類できる。その中には帰結主義や義務論に親しむものもあるが、徳倫理学は道徳の中で〈正義〉という観念に優先的な地位を与えるとは限らない、つまりそれ以外の徳も重視する傾向がある、という特色がある。このことは、特に現代の徳倫理学について言える。現代の徳倫理学者の多くはかつてのように正義の徳を特別に強調することがないからだ。

嘘をつくことはなぜ不正なのか？

以上の四分法の説明は抽象的すぎたかもしれない。そこで〈嘘をつくことの不正さ〉という例を用いて具体的に考えてみよう。

帰結主義によれば、嘘をつく行為は、かりに本人には利益をもたらすとしてもその相手に損害を与え、さらに直接間接に、コミュニケーションを信頼できなくするといった害悪を社会全体にもたらすという理由で不正である。しかしこれは逆に言えば、嘘が全体として有益な結果をもたらすならば不正ではない、むしろ正しい、ということを認めるに近い。「嘘も方便」という諺はこの思想を表現していると解釈できる。

義務論によれば、今あげた帰結主義的考慮を別にしても、嘘をつくという行為は、誠実の義務に反するとか、相手の人格性を無視しているとか、嘘をつかない誠実な人々に対して不公正であるといった理由から、それ自体で不正である。義務論の中でも穏健なヴァージョンでは、嘘をつかないと極めて悪い結果をもたらす場合には嘘が正当化されるが、帰結の考慮を一切認めない極端な義務論では、いかなる状態であっても嘘をつくことは道徳的に許されないということになりうる（実際にカントはある著作ではそう主張している。だが別の著作では許容しうる嘘の存在を認めている）。

次に契約主義によると、〈誰も合理的に斥けられない原理〉がいかなるタイプの嘘を禁じているかによって、その行為の正不正が決まることになるが、意図的虚言をたやすく許すような道徳原理は多くの人が合理的に斥けると考えられるから、たいていの場合嘘は禁じられることになるだろう。

最後に徳倫理学の大多数のヴァージョンでは〈誠実さ〉という性質が徳として認められるだろうから、嘘をつくことは多くの場合不正だが、時には〈仁愛〉とか〈友情〉といった徳のゆえに許される、それどころか要請されることもあるだろう。

倫理学説の以上の四分法は現代になって普及したもので、それ以前の哲学者が採用したわけでないから、特定の理論をそのどれに分類するかはしばしば問題になる。また複数の陣営にまたがる場合も多い。現代イギリスの哲学者パーフィットなど、帰結主義とカント主義と契約主義の説得力あるヴァージョンはほとんど同一の内容に収斂《しゅうれん》するとさえ主張している。しかしながら倫理学の諸理論の特徴をつかむためにはこの四分法が役に立つ。

私は読者の大部分が〈嘘をつくことはたいていの場合不正である〉という判断を共有していると推測するが、その理由づけはかなり異なるだろう。いや、そもそも特別の理由づけなど意識せずにそう信じている人々も多いのではなかろうか。しかし読者の各人が、自分がこれらの見解にどのような反応を感じ、どれに一番共感を持つかを反省して自覚してもらえれば、本書の議論は実感をもって理解しやすくなるだろう。

普通この四分法は、**正義論**ではなく**規範倫理学**全体の理論の分類として使われる。しかし正義という概念は、道徳の中で極めて重要な、時には中心的な位置を占めているので、いかなる規範倫理学理論も正義に関する何らかの見方を提示せざるをえないはずだから（もし提示しなかったら、それは規範倫理学の理論として大きな難点だ）、この分類を正義論にも適用することは許される。

正義の「対象」に関する四分法

次に第二の四分法に移る。それは正義に関する見解が何を主たる対象とするかによる分類だ。

第一の発想は、（1）**個々の行為・行動**を問題にするものである。もっとも正義についてのたいていの見方は、行為の正しさについて何らかの仕方で判断を行うことになる。たとえば規則に着目する正義論によれば、正当な規則に従う行為が正しいことになるし、人の性格に着目する正義論は、正義という徳を身につけている人が行う行為が正しいと主張するだろう。しかし私がここで特に「行為を対象とする正義観」と呼ぶ発想は、そのようにして特定の基準や性格の正しさを主張するのではなく、ある基準を最初から当然の疑われざる前提として、それに当てはめて個々の行為の正しさを判断しようとするものを指している。つまりこの見解によれば、正義とは前提された規則の順守のことである。

たとえば偶像崇拝の禁止や安息日の順守などの十戒を全能の神によって与えられた命令として奉ずる信仰者や、昔からの慣習であるという事実がそれ自体として従うべき理由になると考える伝統主義者や、校則を無批判に適用する教員や、法律や判例の拘束力を疑わない法律家や公務員が、この見解をとる人の例にあげられよう。

この中でも〈神の命令に従うことが正しいことである〉という見解は神命説 divine command theory と呼ばれる。深く神を畏れる人ならば、〈限られた知識と能力しか持たない人間が、測り知れない全能の神の命令を小賢しくあげつらったり疑ったりすることは思い上がりの極みである。たとえ神が自分の子どもを犠牲に捧げるように命じたとしても、謙虚にこうべを垂れて、その命に従うことこそ信仰の本義である〉と考えるかもしれない。

パーフィットは〈道徳的不正〉という観念の歴史的発展を、

神によって禁じられている
神によって禁じられているために不正である
不正であるために神によって禁じられている
不正である

という四段階に要約した（『重要なことについて』第三巻二五六頁）が、神命説はその第二段階にとどまっていることになる。

かつてカントは「啓蒙とは何か」（岩波文庫など複数の邦訳あり）という論文の中で、啓蒙とは自分の理性を用いて考えること、あえて賢くなろうとすることだと言った。与えられた正不正の基準を疑わないこのような態度はまさにカント的啓蒙の正反対だ。

だからといって、この反啓蒙の正義観が全く不合理だとは限らない。それを支持する理由があるかもしれない。

たとえば長い間続いてきた伝統の中には、人々がその意義を理解していなくても、その社会の維持に役立つという生存上の利点を持つものがあるだろう。また規則の中には、通常は一律に順守されなければ望ましい効果をあげられないものも多いだろう。規則の一般的な順守はその社会の人々に安定性と期待を与えるという効用もある。それに第五章で紹介するヒュームが指摘したように、規則の中にはその具体的な内容よりも、ともかく規則が決まっているという事実の方が重要なものもある。たとえば左側通行か右側通行かといった交通ルールがそうだし、ヒュームによれば所有権獲得に関するルール（相続など）も同様だ。これらの場合、行為者が一律の規則に従わず私的な判断によって行動すると悪影響の方が大きいとヒュームは考えた。

　だがその一方では、ある規則が複数の解釈や適用を容《い》れるようなケースもよくあるから、そのような場合は規則の解釈にあたって自分自身で目的や意義を考えなければならないだろう。また権威を持つ複数の規則が現実上両立しないように見えるケースでも同じことが言える（ただしそのような場合、多くの人は自らの上位者に判断を委ねるかもしれない）。

　そういうわけで、行為だけを対象とする正義論は全く理由がないわけではない一方で、それを貫徹することは難しい。ともかくこの正義観は反理性主義の傾向が強すぎるからだろう、社会の現実の中ではともかく、専門的哲学者の中にはそれを正面から主張する人が多くない。そのため本書ではここで取り上げるにとどめ、以後の章では触れない。

　正義論の対象に関する第二の発想は、**（2）規則や原則などの行動基準**が正義にかなっているのかを論じるものである。ここで言う行動基準の中には「人を殺すな」といったオール・オア・ナッシングの明確な規則だけでなく、もっと漠然とした原理原則も含まれる。たとえば「見知らぬ人にも親切であれ」とか「目上の人を敬え」とか「人を手段として利用するな」といったものがそうだ。すでに述べたように、一見すると個々の行為の正不正について論じているかのように見える議論も、よく考えてみると行為自体ではなく行為の判断基準が何であるかを実際には問題にしていることが多い。哲学的な正義論については特にそうだ。帰結主義か義務論か契約主義かを問わず、西洋の近世以降の正義論は最近までたいていこのタイプに属していた。

第三の発想は、個々の人々にとっての行動基準ではなくて、**(3)社会の基本構造**について正義を語るものである。これは「はじめに」で触れたロールズの『正義論』以降急速に普及したアプローチで、現代の正義論は公的制度に関心を集中する傾向があるため、多くはこれに属する。この発想をとる論者の間では、〈個々人がいかなる行動基準に従って行動すべきかは、そもそも正義とは別の問題である〉と考えられることもあれば、〈基本構造に関する正義が個人の行動にも指針を与える〉と考えられることもあるが、いずれにせよ個人の行動は正義論にとって核心的な問題ではなくなる。「社会全体の基本構造」の典型は強制的な法制度だが、それだけにとどまらず、もっと漠然と社会的な慣習や秩序までも含めることがある。実際ロールズ自身の著作を読んでもこの点は明瞭でない。

正義へのこのアプローチは財に関する分配の問題に関心を集中することが多い。たとえば今日の正義論で大きな争点になっている「何の平等か?」は、分配的平等主義内部の論争である。

本書は最後に第九章でこのアプローチに焦点を当てる。その理由は、第一には今述べたようにロールズ以降の現代正義論が多かれ少なかれこのアプローチを踏襲しているからであり、第二には私がこのアプローチの正義論には難点が多いと考えているからである。

第四の発想は、**(4) 人の性格**に焦点を当てるものだ。つまりそれによると、正しいとか不正だとか評価されるのは、一次的には個々の行為でも規則でも社会制度でもなくて、個々人の性格・人となりなのである。おそらくこのアプローチでは、いかなる行為や規則が正しいかは、正義の徳を体現している人の行動様式から導き出され、社会制度は、人々に徳を体得させ実現させるものであるべきである、ということになるだろう。このタイプの正義論は前記の徳倫理学と大きく重なり合うから、後者について言えることが前者にも大体あてはまる。

「対象」による四分法の意義

私は正義論の対象についてのこの四分法が有益だと思うが、内容による四分法の場合と同様、あらゆる正義論がその分類にぴったり当てはまるわけではない。たとえば複数のレベルの対象を取り扱う正義論がありうる。個別的行為とその動機と行動規則と社会制度の評価のすべてについて「最大幸福の実現」という同一の基準を適用するような功利主義の一ヴァージョンがそうだ。

しかし多くの場合、正義論はこれらの対象のうち、どこに一次的な問題関心があるかによって区別することができる。哲学内部の分野で言うと、行動基準と徳は倫理学が論ずることが多く、社会の基本構造は倫理学よりはむしろ政治哲学が論ずることが多いという傾向もある。

そして特定の正義論は特定の思考様式に結びつくことが多い。たとえば善悪・正不正といった抽象的な「薄い概念」よりも、誠実さ・勇気・忠誠といったもっと具体的な「濃い概念」に関心を払うのは徳倫理学の特色であり、幸福や効率を重視するのは帰結主義であり、人権という概念を持ち出すのはあるタイプの義務論である。また戒律重視の宗教道徳は行為を、近世自然法論は規則を、ロールズ以降の現代の正義論は社会全体の構造を、それぞれ中心の主題として論ずる傾向が強い。

これらの理由から、多様な正義論をこれまで述べた二つの仕方で分類することはその理解を大いに助けてくれる。以下の論述の先取りになるが、本書で取り上げる哲学者たちの正義論を次の図であえて単純化して分類してみよう（次頁）。人名を「　」内に入れた場合は、その正義論が当該の思想家にとって第一次的とは言いがたいことを示す。なお共感理論に基づくアダム・スミスの正義論はこの分類のどこにもなかなか入れにくい。その理由はスミスに関する第六章を読めば理解していただけるだろう。

長い前置きになったが、以下の章では重要な正義論を年代順に見ていく。最初はある意味で徹底した徳倫理学的な正義論とも言えるプラトンの説を取り上げる。

正義の内容 ＼ 正義論の対象	行為・行動	行動の基準	社会の構造	人の性格
帰結主義	行為功利主義	ヒューム 規則功利主義	功利主義 ベンサム	功利主義
義務論	神命説	アリストテレス 自然権論（ロック、スペンサー、ノージック） カント		［カント］
契約主義		ホッブズ ヒューム	ロールズ	
徳倫理学		ヒューム ［カント］	プラトン ［ロールズ］	プラトン アリストテレス

哲学者たちの正義論の分類

第一章　正義とは魂の内部の調和である

――プラトン

徳倫理学の代表者と一般にみなされているのは次章で取り上げるアリストテレスだが、正義論に限ればむしろプラトンの方が徹底した徳理論家と言える。プラトンはもっぱら正義を個人とポリス（都市国家）の内部の秩序ある状態として理解していて、個人間であれポリス間であれ、行為の規則にはあまり関心を示さないように見えるからだ（詳細な刑法典の案を含む最晩年の遺作『法律』を除く）。

プラトンが正義を主題として論じた対話篇には中編『ゴルギアス』と大作『国家（ポリテイア）』があるが、本書では後者だけを取り上げる。というのは、『ゴルギアス』はもっぱら〈正しい人は常に幸福であり、不正な人は常に不幸である〉という論争的なテーゼの論証だけに向けられていて、そもそも正義とは何かをあまり明確に述べていないのに対して、『国家』は「正義について」という副題が昔から付されていたという事実が示唆するように、そのテーゼだけでなく、プラトン独特の正義観念を詳しく述べているからだ。ただ実際は『国家』の中にはイデア論や〈洞窟の比喩〉など、正義とは直接関係しない議論も多くて、むしろそちらの方がプラトン哲学の核心だとも言えるが、以下ではそれらの部分は割愛する。

以下でプラトンの見解として理解し紹介するのは、この対話篇の主人公としての「ソクラテス」が述べている主張である。私は何が現実に歴史的ソクラテスの主張したことであり、何がプラトンが自分の対話篇の中でソクラテスの口を借りて言っていることかという、解決困難な哲学史の問題には立ち入らない。

導入的考察――正義は何ではないのか

プラトンは『国家』の最初の部分（第一巻から第二巻前半）で、正義に関するいくつかの見解を対話者たちに語らせ、ソクラテスにそれらを斥けさせる。

まずポレマルコスの日常的な道徳観によれば、正義とは、各人に対してその人に負っているもの・ふさわしいものを返すこと、つまり善には善、悪には悪で報いることである。次にトラシュマコスの現実主義的な見方によれば、正義とは強者の利益の別名に他ならない。三人目のグラウコンの観察によれば、〈「多くの人々（hoi polloi）」は、相互に害を加えるよりも相互に害を加えない方が自分自身の利益になるので、害を加え合わないという合意を正義と考えているのである〉という。

ポレマルコスの正義観は、おそらく当時のギリシア人に限らず現代日本も含む古今東西の多くの社会を通じて受け入れられているものだろう。これは次章で取り上げるアリストテレスや第六章で紹介するアダム・スミスの正義観にも近いし、「各人に彼のもの［権利］をius suum cuique」というローマ法の古典的な定式化（『学説類集』1.1.10）とも合致する。

次のトラシュマコスの見解は、特定の正義観念の提唱ではなく、反対に〈正義への懐疑論〉と言うべきもので、正義という観念がその美名にもかかわらず実際には強者による弱者の抑圧を正当化するために用いられているという〈実態〉を暴露しようとするものと理解できる（なお『ゴルギアス』に登場したカリクレスの主張は一見これと似ているが、〈強者の正義〉をニーチェ風に称揚するものだから、むしろ確信犯的に社会道徳に対立する思想として、トラシュマコスとは区別すべきだ）。

最後のグラウコンの言う「多くの人々」の正義理解は、正義とは加害行為を抑制する互恵的な取り決めだというものだから、第三章で紹介するホッブズ的契約主義に近く、その素朴な先駆とみなすことができる。

ソクラテスがこれら三つの正義観を斥ける際の論法は、ささいな反対例をとりあげるものか、議論の意図的あるいは非意図的な曲解に基づくものが多い（疑う人はぜひ自分で読んで確かめてほしい）。しかしそうでない重要な反論もある。それは〈人に害を加えることは本人にとって決して得にならず、かえって不幸に結びつく〉という、『ゴルギアス』でも力説された逆説的なテーゼによるものだ。ソクラテスは〈正義はその結果のためではなく、それ自体で善いものである〉ということを証明しようとする。そのための議論は大変大がかりなもので、『国家』の第二巻後半から第四巻までと第九巻で展開されることになる。

「魂の正義」と「ポリスの正義」のアナロジー

ソクラテスはまず〈個人における正義を考えるにあたっては、個人よりもはるかに大きなポリスの正義の方が見やすいから、まずそちらを考察すべきだ〉という、あまりもっともらしくない理由を持ちだして、理想的なポリスがいかなるものかを描いてみせる。——そのポリスの国民は各人の資質に従って、「支配者」と呼ばれる、理性にすぐれた哲学者たちと、「補助者」と呼ばれる、勇気にすぐれた戦士たちと、「自由人とは名ばかりの卑しい大衆」（431c）と言われる、欲望が支配的である一般大衆とに三分され、それぞれにふさわしい教育を受け、それに応じた生活様式を持つ。哲学者は戦士の助力を得てポリスを統治するので、両者はまとめて広い意味で「守護者」とも呼ばれる。それに対して残りの一般大衆は、数の点では多数だが統治には全くあずからず、もっぱら生産活動に従事する——。

これがいわゆる「哲人王」の思想で、プラトンはそれを現実のポリスの中でも実現しようとして果たせなかったのだが（『第七書簡』を参照）、『国家』の中では哲学者は一人でなくて複数なのだから、「哲学者貴族政」とでも呼ぶ方が正確だ。

ではこの理想国の正義はどこにあるのか？　プラトンは古典期ギリシアで有力だった〈徳の中で主要なものは知恵・勇気・節制・正義の四つである〉という発想をここで利用

する。理想のポリスの中では、知恵は哲学者に、勇気は戦士に、節制は一般大衆に体現されている。そして国民のこれら三部分がそれぞれの役割を果たし、他の部分の役割に余計な手出しをしないという調和・均衡のとれた状態がポリス全体における正義だ、というふうにこれら四つの徳を当てはめる。

理想国の国民の三分法と対応して、人々の魂の中にも理性的な部分と気概的な部分と欲望的な部分が存在するとされる。このうち二番目の「気概」という日本語は"thumos"という原語の最適の訳語かどうかわからないが（英語では"spirit"と訳されるが、「精神」や「霊」という意味では全然ない）、ともかくそれは怒りや誇りや意地や恐怖といった諸情念をひとまとめにした概念で、プラトンは理性でも生物的欲望でも説明しがたいその独特の性質に光を当てたのである。だがその後の思想史では〈理性／感情〉という二分法が広く用いられ、プラトンの気概論は無視されてしまう。

この魂の三分と国民の三分のどちらの方がプラトンにとって基本的なもので、どちらがそこから類推されたものか、という問題がしばしば論じられてきた。しかし両者の三分は相互にかなり異質なものだから、プラトンは「それぞれ独立にこれら双方の三区分という考えに行き着いてみると、その類似性に注目してみる気を起こした。それらが相互に確証を与え合うように思われたのであろう」（R・S・ブラック『プラトン入門』内山勝利訳、岩波文庫、一六五頁）という推測が当たっていそうだ。

さて魂の三部分はそれぞれに対応する欲求と機能を持っている。ポリスの場合と同じように、理性的部分には知恵という徳が、気概的部分には勇気という徳が、欲望的部分には節制という徳が対応していて、理性的部分が気概的部分の助けを借りて欲望的部分を統制すべきである。そして身体の諸要素がそれぞれにふさわしい機能を果たしている状態が健康であり、その反対が病気であるのと同様に、魂の三つの部分がそれぞれ自分の分をはたしている状態が魂における正義で、その反対が不正であるとされる。プラトンは、身体の正常な機能を失った人にとって人生が生きるに値しないように、魂の調和を失った不正な人の生も生きるに値しないといった、現代人にとって受け入れがたい主張も行う（445ab）。

プラトンはここで正不正を規定する際に魂の内部の状態だけに着目していて、その人の行動の性質に全然触れていない。プラトンの内面重視の発想は、「過多を貪ること」(pleonexia）や盗みや違約を不正の典型とみなしていた当時のギリシアの一般的な正義観とは全く異なるものだ。プラトンはこのような常識的正義観をも満足させるために、彼の意味で（内面的に）正しい人は常識的な意味での不正な行為を行わないはずだと想定しているが（442e－443b）、それは論証ではなくて断定にすぎない。

むしろその個所でプラトンは常識的正義観にリップサーヴィスをしているにすぎないと

考えた方が正しそうだ。なぜなら彼の考える理想国では、統治の目的を達成するための大々的な虚偽（プロパガンダ）のような、当時のアテナイ人が嫌悪したに違いない制度が日常化されているからである。ところがプラトンはそのような虚偽を「高貴な嘘」と呼んで美化する（414bc）。

プラトンは『国家』の最後に近い第八―九巻では、魂の部分の三分法を利用して、優秀者支配制（理想国）・名誉制・寡頭制（むしろ金権政治と呼ぶ方がわかりやすい）・民主制・僭主《せんしゅ》制（最悪の制度）という五つの政体をあげて、それらに対応する魂の持ち主はこの順で幸福から不幸に至ると主張する。この五つの政体と人間に対応する魂の部分は、それぞれ、理性、気概、必要な欲望、すべての欲望、無法な欲望（その典型は愛欲）とされる。この部分の描写は生々しい迫力があり、プラトンの人間観と好悪がはっきり出ているから、哲学に関心がない読者が読んでも十分楽しめるだろうが、長くなりすぎるため紹介は省く。

以上の正義観は次のように図式化できる。

個人の魂の部分	それに対応する徳	対応する人々	対応する国制
理性的部分	知恵	哲学者	優秀者支配制（理想国）

気概的部分	勇気	戦士	名誉制
欲望的部分	節制	一般大衆	寡頭制（必要な欲望に対応） 民主制（すべての欲望に対応） 僭主制（無法な欲望に対応）
三部分の全体	正義	国民全体	

プラトンの正義論の特徴

ここまで大要を見てきたプラトンの正義論には次のような特徴がある。

第一に、それは一種の典型的な徳倫理学である。徳倫理学の性質については次章で詳しく見たいが、正義に関するプラトンの記述はその性質のほとんどを備えている。

第二に、プラトンの考える正義は個人の魂が持つ性格にとどまらず、ポリスという公的団体全体が持つ性質でもあるが、もっと個別的な規則に直接関するものではない。だからそれは現代のロールズの〈正義とは社会の基礎構造が持つべき性質である〉という発想のはるかな先駆である。

第三に、この点ではロールズとは違って、プラトンの正義は決して自由で平等な人々の間の相互的な関係ではない。それは画然たる道徳的・知的相違が存在する人々の階層的な秩序である。

第四に、彼の正義論は物質的な豊かさや安楽を軽視し、精神的な高さを求めるものであると同時に、当時の常識的な正義理解と大きく異なっていた。

最後に、『国家』をはじめプラトンのいくつかの対話篇の中には、多くはその末尾で、死後来世で正しい人が報われ不正な人が罰せられるという終末論的物語（ミュトス）が語られるから、彼が実際に持っていた正義感覚は〈各人はその道徳的価値に応じた幸不幸の報いを受けるのが正当である〉という応報的なものだったのかもしれない。しかし彼が提唱した公式の正義論はそうでない。それによれば来世を待つまでもなく正しい人はこの世で幸福で、不正な人は不幸である。そして不正な人はすでにそれだけで必ず不幸なのだから、さらなる報いを受けるのではなしに、自らの悪しき性質を教育によって癒やされるべきなのである。応報的正義観へのこの（表面的かもしれない）反対は、次章で見るアリストテレスとは対照的な態度である。

これらの特徴を持つプラトンの正義論は多くの独断的な主張を含むが、哲学的には〈気概〉という要素への着目など意義深いものがある。しかし、それはたとえばアリストテレスの正義論ほどの影響力を持ってこなかった。おそらくその原因としては、プラトンの著作がアリストテレスの著作と違ってルネッサンス期まで再発見されなかったという歴史的事情に加えて、その正義論が抽象的すぎて具体的問題の解決への助けをほとんど与えないという事実があげられよう。

第二章

正義とは他の人々との関係において現れる徳である

——アリストテレス

私は本章でアリストテレスの正義論を〈**行為の基準に関する義務論**〉と〈**個人の性質に関する徳倫理学**〉の二面性を持つものとして説明するが、その前に彼の倫理学の著作について簡単に述べておく必要がある。

『ニコマコス倫理学』の概要

アリストテレスの倫理学の著作（実際には講義ノート）には、全十巻の『ニコマコス倫理学』（以下『ニコマコス』と略す）と全八巻の『エウデモス倫理学』（以下『エウデモス』と略す）の二つがある。そして『ニコマコス』の第一―四巻と『エウデモス』の第一―三巻、『ニコマコス』の第八―十巻と『エウデモス』の第七―八巻は大ざっぱに言えば同じテーマを同じような立場から取り扱っているが、古来『ニコマコス』の第五―七巻と『エウデモス』の第四―六巻は同一であるとされて（いわゆる「共通巻」）、『エウデモス』のテクストから欠けている。

「共通巻」が本来どちらに属するか、両者の前後関係はどうか、どちらが哲学的に優れているか、といった問題は研究者にとって大変興味深いもので、最近は昔から軽視されがちだった『エウデモス』が見直されている。だがこれらの問題はあまりに専門的なので、ここでは『ニコマコス』の方が一層権威ある重要なテクストとみなされてきたという歴史的事実だけを述べるにとどめる。本書では『ニコマコス』だけを取り上げるが、それは第一に、正義論が論じられるのは『ニコマコス』だけだからであり、第二に、本書の議論にとっては『ニコマコス』と『エウデモス』の主張の間に重大な相違が見られないからである。『ニコマコス』の構成はおおむね次の通りだ。

第一巻　序論：幸福（eudaimonia）とは何か／徳との関係
第二巻　徳に関する総論（徳は中庸を選ぶ状態である）
第三巻　随意性について（徳は随意的行為に現れる）／徳の各論（勇気と節制）
第四巻　徳の各論（気前の良さや矜持や温和さや機知などの社交的な諸徳）
第五巻　徳の各論（正義）
第六巻　徳の各論（知性に関する諸徳）
第七巻　抑制・意志の弱さ（akrasia）／快楽論A
第八―九巻　友情・愛情（philia）
第十巻　快楽論B／結論（観照的な生と活動的な生の比較／政治学との関係）

すでに序章で述べたように、アリストテレスの倫理学は徳倫理学の典型である。それは人が従うべき具体的な行動基準や理想的な社会制度を述べようとするものではなくて、人が持つべき諸徳が何であるかの解明を主目的とするものだ。アリストテレスによれば、人間らしい機能を十全に実現することが徳（原語は“aretē”「卓越性」「器量」という訳もある。英語では“virtue”）であり、それは人生の究極的な目的である幸福にとって必須である。

さらにアリストテレスは徳を〈情念について過剰と不足という両極端の間の中庸を得た状態〉として一般的に特徴づける。この〈中庸としての徳〉という発想は昔から有名だ。しかしその発想は、恐怖の情念がなさすぎる「無謀さ」とその情念を持ちすぎる「臆病」の中間にあるとされる「勇気」といった、自然な情念に関する徳にはうまくあてはまっても、社会の規約によって内容が決まるところが大きい正義や、情念との関係が薄い知性的徳には妥当しにくい。

アリストテレスは『ニコマコス』第五巻では正義を「過多と過少を求めることとの中庸の状態」と一応定義してはいるものの、その「中庸」の状態は情念の適切さではなく財の割り当ての基準によって決まるので（詳しくは後述）、わざわざ中庸という概念を持ち出す必要性は乏しい。そして〈中庸としての徳〉の発想は第六巻以降では事実上放棄されることになる。

正義の対他性

アリストテレスは『ニコマコス』第五巻において諸徳の中でも重要な正義を取り扱うことになるが、彼がその冒頭で言っているように、実際にはその議論の中には「正義(dikaiosynē)」という人間の状態＝徳に関するものと、「正しいこと(to dikaion)」という行為の性質に関するものとが含まれている。そして彼の(倫理学全体とは区別された)正義論として有名で後世に影響を持ったのは、大部分後者の方だ。言い換えれば、こちらの「正しいこと」に関する議論の方は徳倫理学独自の発想からかなり逸脱しているのである。そこで本章では「正しいこと・行為」に関する彼の議論を紹介した後で、「正しい行為」と「正しい人」との関係を考える。

アリストテレスはまず正義を「**一般的正義**」と「**特殊的正義**」に分ける。前者は「完全な徳」が他の人との関係において現実化されるときに認められる。言い換えれば、正不正は自分自身との関係では語ることができない。

ここでアリストテレスは**正義の対他性**を哲学史上初めて明確に指摘したことになる。アリストテレスが『ニコマコス』の中であげている諸徳は、勇気とか節制のように、それを持っていることが通常本人のためになるものなのだが、他の人との関係で現れる正義は他の人々の利益を守るものだから、自分にとっては不利益になるものだ。だから正義の徳は対他的なもので「他者のものなる善」と考えられ、諸徳の中でも最高に完全な徳である(1129b－1130a)。おそらくアリストテレスの考えでは、正義の徳も全体的に見れば本人の幸福(eudaimonia)に資するが、直接に物質的利益や公的名誉をもたらすわけではないのだろう(以上『ニコマコス』第五巻第一章)。

アリストテレスは第五巻の後の方で、「人は自ら進んで不正を働かれうるか?」と「人は自分自身に対して不正を働くことができるか?」という二つの問題を取り上げ、そのいずれにも最終的に否定の答えを与えている(第九章、第十一章)。これはいずれも正義の対他性を一層具体的に説明したものと解釈できる。

〈自ら進んで働かれる不正というものは存在しない〉という前者の発想を敷衍して言えば、人が自ら進んで害悪を受けるということはあるが、それは不正を働かれたことにはならないのである。行為が不正であるためには、その被害者の意に反することが必要だ(第九章)。この発想は現代の刑法理論で言えば「被害者の同意は違法性を阻却する」と表現できるだろうが、ローマ法にも「同意する者に対する権利侵害は生じない volenti non fit iniuria」(『学説類集』47.10.1.5)という法格言がある。

次に後者の〈自分自身に対する不正というものは存在しない〉という発想について言うと、アリストテレスは自分の財産を盗むことは不可能であるという例をあげる(第十一章)。

彼はまた同じ理由から、夫婦の間では正不正が存在するが、親と未成年の子の間では、また主人と奴隷の間でも、不正はありえないとも言っている。未成年の子どもは親に属し、奴隷は主人に属するからだ（第六章末尾）。その一方、自殺は処罰されるのだが、アリストテレスによると、それは自殺が自らのポリスに対する不正行為だとみなされているからである。そこには〈市民は自らのポリスに仕えるべき使命を負う〉という発想がある。

特殊的正義の三種類（あるいは二種類）

アリストテレスは一般的正義の次に「特殊的正義」の説明にはいる。「一般的正義」は他者との関係における徳一般だったが、「特殊的正義」とは何らかの財や名誉に関する割り当ての正しさ——一種の平等——のことである（第二章）。

それ以降の論述では特殊的正義はさらに「分配的正義」と「矯正的正義」と「応報的正義」に三分されるように見えるが、後述のようにこれを「分配的正義」と「交換的正義」に二分する解釈もある。この区分を図式化すると次のようになる。これらの正義はそれぞれ適用される場を異にするので、衝突するものではない。

一般的正義

特殊的正義

- 分配的正義（公的な分配）
- 矯正的正義（損害賠償）
- 応報的正義（刑罰と交換・売買）

（矯正的正義・応報的正義）→ 交換的正義

まず**分配的正義**とは、各人にその価値に比例して利益や名誉を分配する際の正義である。これは〈等しい価値を持つ人々には等しいものが分配されるべし〉という帰結を含むという最小限の意味では平等という考慮を含んでいるが、人々が等しい価値を持つということを全く含意しない。では人々の価値は何で決まるのか？　アリストテレスによればその基準はポリスの政体によって違う。市民がすべて参政権を持つ民主制では自由人は自由人であるという資格で平等であり、一部の人しか政治に参加できない寡頭制では富あるいは生まれのよさが基準で、貴族制では徳が基準だというのだ。そうすると、歴史上「貴族制」と呼ばれるものは大部分徳よりも生まれに基づいていたから、彼の用語法では「寡頭制」に属することになるだろう（第三章）。

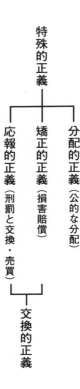

アリストテレスの考える分配的正義はおそらく公的な名誉の授与を対象としていたので、今の日本の制度で言えば勲章等の栄典（日本国憲法第十四条三項）が典型になる。しかしこれは今日の法学や正義論では重視されていない領域だ。現代正義論でも「分配的正義 distributive justice」と言われるものが中心的なテーマになることが多いが、そこではほとんどの場合、経済的な利益と負担の「公正」な平等主義的分配が問題になっているので、正義論は「何の平等か？」についての議論だという論者すら存在する（だからこそ資本主義批判陣営の内部で、〈（経済的な財の）再分配か（社会的な）承認か〉が論じられたりする）。

またアリストテレスの〈人の価値に応じた分配〉という発想も今ではほとんど忘れられて、〈必要に応じた分配〉や〈寄与に応じた分配〉や「格差原理」（ロールズ）や「資源の平等」（ロナルド・ドゥオーキン）といったさまざまの分配基準が提唱されてきた。最近の正義論の中には「功績 desert; merit」という観念を復活させる理論も存在するが、それは少数派にとどまる。

次に**矯正的正義**とは、人々の間に不正な行為が生じたときにそれを矯正して正しい現状を回復するときの原理で、分配的正義と違って、人の価値ではなく、生じた害悪だけに着目する。これは現代法で言えば民法の損害賠償（契約のような債務不履行と不法行為の両方を含む）に該当する（第四章）。

アリストテレスは矯正的正義を論ずる際に、加害者の得た利益と被害者の被った損害が常に等しいかのように想定して、〈矯正的正義は加害者の利益を被害者に賠償することに帰する〉と単純に考えているようだ。しかし現実には利益と損害の大きさは同一でないことも多い。不法行為の場合など、加害者が得る利益よりも被害者が受けた損害の方が大きいのが普通だろう。その場合、被害者の損害を十分に賠償させようというのが現代の損害賠償法の普通の発想である（それに対して、不当な利得を得た者からそれを吐き出させることを目的とする制度は不当利得法である）。

ところが最近、損害賠償法の目的を、一般的な見方のように加害者の賠償による被害者の権利の事後的救済として見るよりも、社会全体の中での適切な動機づけの中に認めるような、未来向きの政策実現手段として見るアプローチ（典型的な例をあげれば、法制度の目的を資源の効率的配分に求める、最近半世紀の間に有力になった「法の経済分析 Economic Analysis of Law」のアプローチ）が有力に提唱されるようになったため、そのようなアプローチに対立する伝統的私法観からのアンチテーゼとして、アリストテレスの矯正的正義の再評価を行う法学者が英語圏には存在する。彼らの意図はわかるが、そのために何もわざわざ利益と損害の額を同一視するアリストテレスの問題ある矯正的正義論を持ち出す必要はないだろう。

アリストテレスは分配的正義と矯正的正義を説明した後、これらとはまた別に「**応報的**

正義」について述べているように読める部分がある。彼がそこであげているのは、刑罰における正義と自発的な財の交換・売買における正義である。残念ながらここでのアリストテレスの議論はあまり明晰でないが、ともかく彼は、刑罰においては犯罪と刑罰の重さが等しいことが、売買においては給付と反対給付の価値が等しいことが要求されるので、「等価性」が両者に共通する要素だ、と考えている（第五章）。

そうすると、アリストテレスは刑罰論においてはかなり純粋な応報刑論者だということになる。しかし現存する数多い法廷弁論を読むと、そのころのギリシアでも、刑罰が受刑者本人や将来犯罪を犯しかねない人々に犯行を思いとどまらせるという抑止効果を応報的正義以上に重視する人が多かったようだから、アリストテレスがここで刑罰の犯罪抑止効果を無視していることは物足りなさを感じさせる。

アリストテレスが売買や交換の中に相互の給付の等価性を見出したことは歴史上一層大きな弊害をもたらした。実際には、交換の両当事者はともに自分の行う給付よりも相手から受ける給付の方が大きいと思えばこそ取引を行うのだから、そこにあるのは等価性ではなく、両者にとって有利なウィン―ウィン関係＝互恵性だ。ところがアリストテレスは等価性の想定をとることによって、取引の両当事者があたかも敵対的なゼロサム関係にあるかのように描いた。そうなると、片方の当事者の利益は必ず相手方の損害を意味することになってしまう。

アリストテレスが誤ったのは〈自由な取引は万人にとって同一の客観的価値によってではなく、当事者の主観的評価に基づいて行われる〉という事情を無視したことにある。アリストテレスのこの発想は、商品の経済的価値が需要供給関係とは独立に客観的に存在するかのように考える、経済学の中で一八七〇年代の「限界革命」まで有力だった価値論(その典型は労働価値説)の温床になった。

ここまで述べたように、私は応報的正義を分配的正義とも矯正的正義とも区別するのが『ニコマコス』のテクストの理解として自然な解釈だと考える。だが私のこの解釈と違って、矯正的正義と応報的正義を一緒にまとめて「交換的正義」と呼ぶ人も多い。その解釈は十三世紀のトマス・アクィナスによる『ニコマコス』註釈に遡る。ラテン語訳だけによって『ニコマコス』を読んだトマスは、矯正的正義の部分にも応報的正義の部分にも「交換 commutatio」という言葉が出てくるし、加害行為による利得と被害額、犯罪とそれに対する刑罰、給付と反対給付との間に(アリストテレスによると)すべて等価性の関係が存在することから、この二種類の正義を同一視して「交換的正義 iustitia commutativa」と呼んだのである。「交換的正義」にぴったり対応する表現は『ニコマコス』のテクストの中にはないのだが、トマスの権威もあってか、彼の解釈はスコラ学を経て近代に受けつがれ、アリストテレスの原文に即した研究が広まった現代でも受け入れている人は多い（なお応報的正義を矯正的正義と結びつけずに分配的正義の一種とする少数説の解釈もある）。

ちなみに、アリストテレスは「正しさ」についてまた別の二分も行っている。それはどこでも妥当する自然的な正しさと、所によって違う法的（人為的）な正しさである。後者はどのようにでもありうるという点では恣意的だが、規定によっていったん定められれば従うべき事柄——たとえば捕虜の身代金がいくらであるといったこと——である（第七章）。

「衡平」という独特の正義

アリストテレスはこれらの特殊的正義とはまた別に、第十章で「衡平（epieikeia; to epieikes「宜しさ」「適正」などという訳語もある。英語では"equity"）」という種類の正義を論じている。これは法が一般的な規則としてしか規定できないために個別具体的なケースで適切な結果をもたらさないとき、「法的な正しさ」を補う「正しさ」である。そうするとこれは日本の法学で「具体的妥当性」（現実問題への解決としての妥当性）と言われるものに近い。

この衡平という観念は多くの法体系の中に存在するが、特に古代ローマ法と中世後期以降のイングランドのエクイティ（衡平法）の発展に大きく影響したとされる（吉原達也ほか編著『リーガル・マキシム』三修社、二〇一三年、第一編第二章）。ただしそこでアリストテレスの思想がどのくらい影響を及ぼしたのかは明確でない。

なおこの「衡平」は、「公平・公正 fairness」という一見よく似た概念とは区別すべきだ。後者は現代の正義論でよく使われるが、それは複数の人の間の分配や取り扱いの適切性に関する概念だからである。

衡平はその性質上、漠然とした原理としてはともかく、明確なルールとして表現することができず、裁量的な判断をまたなければならないから、その実現のためには適用者による賢明な判断が必要である。そのため衡平は「正しいこと・行為」よりも「正しい人」という観念に訴えかける必要があるだろう。

「不正行為」と「不正な人」の関係

『ニコマコス』第五巻の正義論、特に特殊的正義の説明が彼の徳倫理学の枠組み全体と必ずしも調和しないということはすでに述べた(五一頁)。一方、第五巻の中でも「衡平」について述べられた第十章にはアリストテレスの徳倫理学の発想が現れているが、そのことは少し前の第八章で一層明らかだ。

彼はこの章で他者に対する加害行為を三種類に分ける。第一に、加害行為が無知や強制に基づく非随意的な行為であるときは「間違い」であり、その中でも害が全く偶然に生ずれば「災難」であり、予測可能なら「過失」である。第二に、加害行為が随意的だが怒りのような自然な情念による場合、予謀を伴わなければ「不正行為」だが、その行為者は必ずしも不正ではない。最後の第三に、意図的選択による加害行為も「不正行為」だが、その行為者は「不正な人」である。このようにしてアリストテレスは行為の正しさと人柄の正しさ——言い換えれば、行為の正不正と人の徳・悪徳——とを区別する（左図を参照）。

〔加害行為の分類〕

- ●非随意的な行為——間違い
  - 予測不可能：災難
  - 予測可能　：過失
- ●意図的選択なき不正行為——行為者は不正でない
- ●意図的選択による不正行為——行為者は不正である

加害行為のこの三分法（あるいは四分法）は、英米法が殺人homicideを過失殺人negligent homicideと故殺manslaughterと謀殺murderに三分することを想起させる。この三種がそれぞれアリストテレスの「過失」と「意図的選択なき不正行為」と「意図的選択による不正行為」に対応するわけだ。これに対して日本の刑法が故殺と謀殺を区別せず、ともに

「殺人」としているのは、前から人を殺そうという意図があったか否かの区別が実際には難しい、あるいは法的には重要でない、という考慮から来ているのかもしれない。

しかしアリストテレスの徳倫理学の発想からすれば、同じ故意殺人という不正行為であっても、それが一時的な激情によるものか、それとも前から意図されていたものかは、道徳的悪性の点で大きな相違がある。おそらく日本法の実務でも、同一の構成要件に該当する犯罪の中でも計画的な犯行の方が、「気の迷い」からの犯行より責任が重いと判断されているだろう。

アリストテレス正義論の特徴

アリストテレスが行為と行為者の性質との関係をいかに考えていたか、また人々をその性質によってどのような基準で道徳的に評価していたかは、とても興味深い問題なので本章の後半でさらに考えてみることにして、ここでとりあえず彼の正義論、特に特殊的正義論（「正しい行為」とは何か）の全般的な特徴をいくつか指摘しておこう。

第一に、それは正義の対他性を指摘したという点に大きな功績がある。アリストテレス以後の正義論でもこの性質を彼以上に詳しく論じた人は少ない。おそらく正義が「自然な徳」ではなく、その一般的実践によって万人に利益を与える「人工的な徳」であると主張したヒュームくらいしかいないのではないだろうか（ヒュームについては本書第五章を参照）。

第二に、アリストテレスは多くの場合正義の形式的な特徴を述べるだけで、実質的な内容に踏み込むところが少ない。たとえば彼は分配的正義の基準である個々人の「価値」の基準について自分自身の見解を述べるわけではないし、犯罪の重さと刑罰が釣り合っていなければならないと言っても、犯罪と刑罰の重さをどのように査定するかを述べていない。彼は第五巻第七章で自然な正しさと法的正しさの二分について後でさらに詳しく述べると言っているが、『ニコマコス』にはそれに対応する個所が存在しない。また衡平の内容について、たとえば後世ローマ法学者が述べたように「何人も他人の損失と不法とによって利益を得てはならない」（『学説類集』50.17.206. 前掲『リーガル・マキシム』三六頁）といった一般原則をあげているわけでもない。プラトンが正義とは魂の三つの部分の間の調和だと述べ、その三つの部分の性質を詳しく述べたのとは大違いだ。これから見ていく哲学者たちの正義論も、そのほとんどがある程度具体的な正義の内容——たとえばホッブズの「自然法」やロールズの「正義の二原理」——を提唱した。

アリストテレスの正義論がこのように内容空虚な類型学にとどまることに不満を感ずる人も多いだろう。しかしそれだからこそ、彼の正義論は実質的な道徳観を異にする人々の間でも共有できる便利な概念枠組みを与えることによって影響力を持ってきた。それはちょうど、彼の『形而上学』が論じた諸概念――〈必然〉や〈偶有性〉や〈存在〉など――が哲学の世界で現代まで利用されているのと似ている。

アリストテレスの正義論の第三の特徴は、これもプラトンと対照的に、特殊的正義の諸類型を整理する一方で、それらに共通する〈正義の範型〉があると考えていたようには思われない、という点である。一般的に彼の哲学のアプローチは、特定の独創的発想の展開よりも、諸見解の分析と整理と比較検討によるものだが、この特徴は『ニコマコス』第五巻において顕著だ。

第四に、これまたプラトンと対照的に、アリストテレスの正義は身分上平等な人々の間の関係である。彼はプラトンのように市民間の階層的秩序がポリスの正義だとは考えない。だからといってアリストテレスが平等主義者だというわけではない。彼は人間のあいだには厳然たる優劣や善悪の相違があると信じていたというだけでなく、一部のソフィストや後のストア派と違って、奴隷制を当然視し、非ギリシア人に対する偏見もあったように見える。それでも市民間の関係に関する彼の正義論を人類全体に拡張することは可能である。

性格と行為との四つの関係

本章の後半では特殊的正義から離れて、アリストテレス倫理学における人間の道徳的分類（「正しい人」とは何か）を見てみるが、その前にもっと一般的に、人間の行為と性格（典型的には徳と悪徳）との間の関係についての四つの見方を紹介しよう。

私が考える四つの見方は以下のように図表化できる。

①原因結果関係　性格↓（因果性）↓行為（行為志向的な見方）
②表現関係　性格↓（表現・現実化）↓行為（性格志向的な見方）
③構成関係　性格↑（構成）↑行為（行為志向的な見方）
④人格形成　性格↑（練習・訓練）↑行為（行為志向的かつ性格志向的な見方）

第一の**原因結果関係**では、欲求・信念といった心理的な状態が原因になって、その結果として特定の環境下である行為が引き起こされる。たとえば勇気（勇敢さ）という徳をとってみると、勇気が勇敢な行動を生み出すと考えられる。

第二の**表現関係**では、性質が特定の環境下で行為という姿をとって現実的に表現される。たとえば、勇気という性質が危機的状況において勇敢な行動という形をとるのである。

別の言い方をすれば、勇敢な行動は勇気という性質が表れたものである。この関係は、現代の形而上学の世界で言う「基盤づけ＝グラウンディング grounding」とも似ている。ある花瓶の脆《もろ》さはそれが割れたことの「基盤 ground」になっているというのが、グラウンディング関係である。これは因果関係とは区別される。

第三の**構成関係**では、あるタイプの行動を（しばしば繰り返して）行う人に、そのような行動様式に該当する性質が帰される。たとえば、勇気ある人とは、危険な状況において常に、あるいはたいてい、勇敢な行動をとる人として理解される。これは性格に関する行動主義的な見方である。人の性質は外に現れた行動から判断するしかないというわけだ。

第四の**人格形成**は、ある種の行為を繰り返し行って練習することが性格を形成するという過程である。たとえば訓練の繰り返しで技術が体得されるように、勇気を必要とする行動を重ねることで次第に勇敢な人になるという場合がそうだ。

原因結果関係（①）と表現関係（②）はよく似ているが、前者は内面的性格よりも外に現れた行為の方に関心を寄せるのに対して、後者は行為よりも性格の方に関心を寄せるという違いがある。だから表現関係の見方では、外に現れた行為として現実化されずに終わる性質も重視されるだろう。たとえば脆い花瓶が大切に保存されているため割れずにすむことがあるのと同じように、平穏な環境で一生を送ったために一度も特別勇敢な行為をせずに終わった人でも、性質としての勇気を持っていたということがありうる。これに対して原因結果関係では、行為に結びつかない潜在的性格は軽視される――とはいえ、作為行為だけでなく不作為も行為の中に含めることはできるが。また表現関係では、性格の中でも長期的・恒常的なものが重視されるのに対して、原因結果関係では、結果をもたらしさえすれば、その性質が一時的・突発的なものか恒常的なものかは重要でないだろう。両者の相違は〈表現関係は性格志向的だが、原因結果関係は行為志向的である〉と表現できる。

そして構成関係（③）は内的性質に独立の地位を認めない傾向が一層強いから、原因結果関係よりもさらに行為志向的だ。

人格形成（④）は以上の三つの関係と違って、時間という次元を必要とする。これは習慣づけを重視する教育的視点とも言える。それは通常は行為志向的な面と性格志向的な面をあわせ持っている。

徳倫理学は道徳的判断の対象を行為よりも性格に求める傾向があるから、その発想は典型的には②の表現関係である。またそれは行為に直接結びつかないような感情・態度・信念なども性格の一部として評価の対象とする。

ここでアリストテレスの思想に戻ると、それは①と②と④を含んでいる。彼の徳倫理学は明らかに②の要素を持つが、彼の自然主義的な人間観は性格と行為との間に相互的な因果関係を想定するものだから、①と④の要素も含んでいる。特に彼は次節で述べるように、徳は単に頭で理解すれば足りるのではなく、習慣として体得されるべきものだと考えているから、④はことのほか重要だ。

本書の以後の部分の先取りをいくらか含むことになるが、徳倫理学以外にも哲学や法学のいくつかの学派の観点をこの四分法にあてはめてみよう（次の二段落は哲学と法学のある程度の知識を前提していますから、理解できなくても気にせず読み進めてください）。

ヒュームは、行為が非難や賞賛の対象となるのはそれが性質の徴《しるし》だからだと言ったから（『人間本性論』2.2.3; 3.2.1, 3.3.1. 後述一二八頁参照）、②の発想をとっている。制裁やナッジ（行動への非強制的な促し）によって人々の行動を導こうとする、古今を問わず見られる、広い意味で管理主義的な発想（その中にはホッブズや功利主義も含まれる）は①に属する。カントの道徳理論が①をとっているのか②をとっているのかその両方をとっているのかは判断が難しいが、③でないことは確かだし、④もとっていないようだ。それに対して、ギルバート・ライルの『心の概念』（坂本百大ほか訳、みすず書房）は、③を利用して、心身二元論的に理解された心＝精神 mind という「機械の中の幽霊」を退治しようとした二十世紀中葉分析哲学の古典である。

法学に移ると、刑法理論における主観的違法論（責任ある者の行為についてのみ違法性を認める説）や人格責任論（個々の行為よりもその背後にある行為者の人格に責任の基礎を求める理論）は②と、これらの理論と対立する客観的違法論と行為責任論は③と、それぞれ親和性がある。刑罰論における抑止刑論（刑罰の目的は犯罪の抑止にあるとする思想）は①と、教育刑論（刑罰の目的は犯罪者の社会復帰のための教育であるという思想）は④とそれぞれ結びつきやすい。また民事刑事を問わず、〈過失とは単なる不注意という心理的状態ではなく、危険な状態を作り出さないという行為義務の違反である〉という、法学で現在有力な客観的な過失観は③の見方をとっている。

アリストテレスによる人間の四分法

個人の性質と行為との関係に関する以上の説明を前置きとして、いよいよアリストテレスによる人々の道徳的評価に移ろう。彼は『ニコマコス』第一巻の末尾と第七巻の前半で、人間をその理性と欲求が向かう方向と行動によって次の四種類に分類している。○は理性あるいは欲求の方向や行為が正しいということを意味し、×はそれが間違っているということを意味する。

	理性	欲求	行為
善き人（立派な人）	○	○	○
抑制のある人（意志の強い人）	○	×	○
抑制のない人（意志の弱い人）	○	×	×
悪しき人（放埓な人）	×	×	×

「善き人（立派な人）」とは理性の方向も欲求の方向も正しい人で、おのずから適切な行動を行う。これは孔子が「心の欲するところに従いて矩《のり》を踰《こ》えず」（『論語』為政篇）と述べたような人だ。「抑制のある人enkratēs」と「抑制のない人akratēs」はともに、理性が正しい方向を向いている一方、欲求は間違った方向を向いているのだが、「抑制のある人」がその欲求を抑制して適切な行動を行うのに対して、「抑制のない人」は抑制ができずに間違った行動をして後悔する。そして「悪しき人」とは、初めから正しい判断ができないために、不適切な行動への欲求に従って行動し、後悔もしない人である。

外から見ると「善き人」と「抑制のある人」、「悪しき人」と「抑制のない人」はそれぞれ同じような行動をするが、内面は全く違う。そして「善き人」と「悪しき人」は、行動においては反対だが、内面の葛藤が存在しないという点では似ている。「抑制のある人」

と「抑制のない人」の行動も反対だが、理性と欲求の対立が存在するという点では共通で、彼らにおいては、対立する理性と欲求の相対的な強さは紙一重の相違にすぎないかもしれない。

勇敢さという徳を例にして説明してみよう。アリストテレスによると、勇敢さとは恐怖という情念に関する中庸を得た状態である。恐れるべき事柄をちょうど恐れるべき程度にしか恐れないので平然として勇敢な行動をする人は善き人であり、不合理な恐怖を克服して正しい行為を行う人は抑制のある人であり、その恐怖に負けて正しくない行為をしてしまう人は抑制のない人であり、臆病な行為を正当な行為だと考えてそのように行動する人は（臆病だという意味で）悪しき人である。さらに言えば、何の必要もないのにわざわざ危険のもたらすスリルを求めて行動する〈冒険家〉もまた（無謀だという意味で）悪しき人だということになるはずだ。

この例が示すように、〈怒りについて抑制のない人〉とか〈物欲について悪しき人〉といったふうに、別々の情念ごとにこの四分を行うことができるはずだが、実際にはアリストテレスはその区別をしていない。そして以下の議論の限りではそれで差し支えないので、人は一般的にこのどれかに属するかのように述べることにする。

アリストテレスはこの四種類の人を、

善き人＞抑制のある人＞抑制のない人＞悪しき人

の順で評価する。抑制のある人も善き人と同じように適切な行動を行うが、抑制のある人は、克服すべき悪しき情念や欲求を持っているという理由で、善き人よりも道徳的に劣るのである。

私はこの評価に説得力を感ずる。しかし第七章で取り上げるカントならば善き人よりも抑制のある人の方を道徳的に高く評価するかもしれない。なぜなら両者を比較すると、善き人は正しい行為をしようという理性的動機を多くの場合特別に持たず、いわば無反省に行動しているにすぎないのに対して、抑制のある人は間違った欲求を克服しようとする強い理性的意志を持って行動しているからだ。たとえば、金銭を手放すのは嫌なのだが道徳的義務感から有意義なチャリティに寄付する人と、困っている人が救われるのを見るのが単純にうれしいので進んで寄付をする人を比べると、カントによると後者には道徳性が欠如していることになる。

カントにおいては感性的な欲求はそれ自体としては道徳的に善でも悪でもなくて、人の道徳性はもっぱらその人がどれだけ善意志を持っているかによって判断される。自分の行動の道徳性について一々意識せずにおのずから適切に行動する人は、アリストテレスや孔子ならば賞賛するだろう。しかしカントならばそのような人を、感性と傾向性に流されて他律的に行動しているにすぎないにもかかわらず自分を善人だと信じている、精神的深みのない偽の「人格者」として軽蔑しそうだ。

人間行動は理性とはあまり関係ない情念や欲求によって影響されるところが大きいということを考えると、それらを道徳的判断の対象から除外したカントの倫理学には問題がある。それに対してアリストテレスは、人は単に正しい信念を持つだけでは足りず、それにたやすく従うような傾向性、言い換えれば徳を持つようになるべきだと考えていた。

もっともアリストテレスといえども、理性的判断を行う**能力**さえも持たずに無邪気な欲求だけから行動する、ロシア民話に出てくる「イワンの馬鹿」のような〈聖なる愚者〉とでも呼べる人は高く評価しなかっただろう。このような人は前記の表で言えば、欲求でも行為でも○だが、理性では×ということになって、理性能力の点で欠けるところがあるからだ。

徳倫理学の長所と短所

前章でプラトン、本章でアリストテレスの徳倫理学的正義論を見てきたところで、徳倫理学一般の検討を行うことにしよう。なお徳倫理学にはアリストテレス的なもの以外にもいろいろなヴァージョンがあるが、本書では第五章で見るヒュームのものを除いてそれらを検討する余地がない。

徳倫理学はわれわれの日常的な道徳の感覚や実践と調和する点がある。多くの人は道徳的な判断をする場合、行為者の性質や動機を重視するからだ。そして人々の行動は決して抽象的な人間ではなく生身の人間が行うものだということを考慮すると、帰結主義や義務論の道徳理論においても行為者の性質(徳と悪徳)は決して軽視されるべき要素ではない。

しかし徳倫理学には無視できない問題もある。最も根本的には、それが行動の結果よりも動機や意図や行為者の性質の方に一層大きな関心を持つことは本末転倒だと思われる。たとえば徳倫理学によれば、ハラスメントや嘘が悪いのは、その人の残酷さや思いやりのなさや不誠実さの表れだからであるということになりそうだ。この発想は決して間違っているわけではないが、それよりもハラスメントや嘘は相手に無意味な苦痛や損害を与えるとか、社会一般にも有害な影響を与えるといった帰結に訴えかける方が、その悪性をずっと説得的に示すことができる。

さらに徳倫理学は、それ自体としては共感できる動機から出ていても、無思慮のために悪い帰結をもたらす傾向がある行動——つまり、単にそのときは偶然悪い結果に至ったというだけにとどまらない行動——を称揚してしまうおそれがある。これを反面から言えば、徳倫理学は知識や理性的能力を過小評価しかねないという問題があるのだ——知性的徳も重視するアリストテレス的徳倫理学ならば、この短所は避けられるだろうが。

また徳倫理学は、本人以外の人々に直接影響を与えないような行動や性質にまで道学者的な評価を加えがちだという、〈過剰なモラリズム〉とでも言うべき欠陥もある。そのためだろう、自由を重視する個人主義者は徳倫理学に警戒心を持ちがちだ。「修身の教科書」といった、昔よく用いられた揶揄《やゆ》的な表現はこの反発を示している。

最後に、徳倫理学は行動の基準を与えない傾向があるということも言える。義務論にせよ帰結主義にせよ契約主義にせよ、多くの規範的道徳理論はいかなる行為が正しいのかの基準を与えようとするのだが、徳倫理学はあまりこの問題に関心を示さず、せいぜい〈正しい人が行う行為が正しい行為である〉と言う程度だ。それどころかかえって徳倫理学は、厳格な規則中心の道徳観は個別の事例において妥当な指針を与えないとして批判する傾向がある。しかし道徳の重要な役割は人々に行動の指針を与えることだと考えるならば、この点で徳倫理学が物足りないことは変わりがない。

おそらく徳の倫理は、万人が従うべき行動の規則や原理よりも、自分の人格を向上させようとする人々のための理想的人間像を与えるという目標に適しているだろう。この目的からすると、徳の倫理にとって有用なのは、抽象的な理論以上に、人々に手本を与え精神を鼓舞する偉人の伝記や言行録（その古典的な例は『論語』やスマイルズの『西国立志編』だが、多くの道徳教科書もそうだ）かもしれない。

だが徳倫理学者は〈徳倫理は明確な行動への指針を与えられない〉という批評に対してこう反論するかもしれない。――他の道徳理論もその点では同様である。たとえば功利主義の最大幸福という目標も、幸福の内容が不明確だとか、いかなる行為が最大幸福をもたらすのか不明であるといった事情を考えれば、明確な行動基準を与えられない。義務論や契約主義にしても同じような批判があてはまる。カントのごく抽象的な定言命法から、一体どんな行動基準を一義的に導き出せるだろうか？　その一方、大部分の人々は具体的にいかなる人物が正しい人でいかなる人が不正であるかをすでに日常的に知っているのだから、徳倫理学も行動の正不正の基準を立派に与えることができる――。以上の反論がどのくらい成功しているかは、それぞれの道徳理論が提唱する行動基準に即して考えるしかないが、ともかく徳倫理学が行動の準則に一次的な関心を示さないということは否定しがたい。

徳倫理学とコミュニタリアニズム

最後に徳倫理学が持つ、長所とも短所とも一概には決めにくい特徴について述べよう。徳倫理学は時としてコミュニタリアニズム（共同体主義・共同体論）と必ず結びつくかのように言われる。その理由として、〈徳という概念は特定の社会で共有されている価値や実践と結びついている〉とか、〈徳はばらばらな個人の善ではなく公共善を目ざすものである〉とか言われることがある。

しかしいずれの理由づけも正しくない。

第一に、確かに徳倫理学の伝統的なヴァージョンの中にはその社会の価値観と結びついたものが多い。たとえば徳のカタログを見てみると、すでにプラトンのところで見たように、古典期ギリシアでは「知恵・勇気・節制・正義」の四つが主要な徳と考えられていた。キリスト教思想では、トマス・アクィナスの『神学大全』に見られるように、この四つの主要徳に「信仰・希望・慈愛」というキリスト教的な三つの徳が加わった。それどころかアウグスティヌスは、四つの主要徳を愛という最高の徳の四つの特殊形態としかみなさなかったと言われる！　古典古代では「誇り（自負心）」は徳だったが、キリスト教的道徳ではそれはむしろ傲慢という悪徳とみなされ、反対に「へりくだり」が徳になった。アダム・スミスは「正義」と「善行」を二つの主要な徳としてあげた（後述第六章）。古代中国の孟子は惻隠《そくいん》の心から生ずる「仁」と羞悪《しゅうお》の心から生ずる「義」と恭敬《きょうけい》の心から生ずる「礼」と是非の心から生ずる「智」を徳の例にあげ（『孟子』告子章句　上）、伝統的な儒教ではさらに「信」が加わって、「仁義礼智信」が「五常」と呼ばれた。かつての日本ではこれに「忠・

孝・悌《てい》」という身分制的な徳が加えられることが多かった。

現代の徳倫理学では、「正義」のような厳しい徳よりも、温かい「ケア」や「エンパシー」が重視されることが多い一方で、アリストテレスが『ニコマコス倫理学』第四巻の中で詳しく記述した「魂の大きさ＝高邁《こうまい》さ（megalopsychia）」は尊大だと考えられて評判が悪くなったし、「機知」という徳など論ずる哲学者もいないようだ。そしておそらく今の日本の社会の実定道徳は、協調性やリーダーシップや「聞く力」を徳の中に含めるだろう。また私の見るところ、現代の徳倫理学はアリストテレスやヒュームなどの徳理論のように生来の能力や資質に着目することが少なく、意識の向上や性格の陶冶を重視する傾向が強いようだが、これも現代社会の平等主義的エートスと関係しているに違いない。

しかし自らの生きている社会の支配的な価値観と対立する徳の倫理も存在する。たとえばフリードリヒ・ニーチェの超人思想は反キリスト教的かつ反社会的な徳倫理だったし、現代の徳理論家の中にはたとえばアラスデア・マッキンタイア（『美徳なき時代』篠崎榮訳、みすず書房）など、自らの徳倫理を自覚的に反時代的な道徳理論として提唱する人もいる。

確かに徳の倫理はその社会の文化を反映しがちだろうが、そのことは〈いかなる道徳理論もその提唱者の属する社会から影響を受けがちである〉という、道徳哲学に共通する事情の一例にすぎない。

次に、徳の倫理は公共善という観念を必ず重視するだろうか？　いや、そうでない徳倫理もある。今あげたニーチェの超人思想はその好例だし、アリストテレス自身の倫理学も最終的には、真理を観照する哲学者の知性的活動が人間の活動の中で最高のもので、それに比べると政治や社会にかかわる活動は劣ると言っているから（『ニコマコス倫理学』第十巻第七章）、決して公共善を無視してはいないにせよ、コミュニタリアンほどそれに高い地位を与えているわけではない。

要するに徳の倫理の中にはコミュニタリアンなものも個人主義的なものもあって、それどころか反社会的なヴァージョンさえ存在する。徳の倫理がそのいずれになるかは、その理論がいかなる人間像を理想とみなすかによって異なる。徳倫理学も義務論や帰結主義と同様、大まかな一般論ではなく、多様な価値観・人間観とアプローチの集合として検討する必要がある。私はその際、さっきあげたように徳のカタログの内容に注目するのが有益だと考える。

本章にはかなり多くの内容が盛り込まれることになった。ここで一休みして、次章では哲学の多くの分野でアリストテレスに反対したトマス・ホッブズの正義論を見てみよう。

第三章

正義とは相互の利益になる契約を実行することである

――ホッブズ

前章の紀元前四世紀のアリストテレスから、本章では一挙に約二千年を越えて十七世紀イギリスのトマス・ホッブズに飛ぶことになる。その間にも正義に関する重要な議論が存在したが、私は中世思想、特にキリスト教思想に不案内なので、ある程度研究して自信をもって言える近世以降の正義論に移りたい。

ホッブズの代表作は何と言ってもイギリス内戦（ピューリタン革命）のさなかに執筆・出版された政治哲学の体系的な著作『リヴァイアサン』（一六五一年）だ。彼には政治哲学の領域に限っても『リヴァイアサン』以前に『法の原理』や『市民論』という本格的な著作があるが、これらの著作も『リヴァイアサン』と基本的な思想の相違はないと思われるので、以下では『リヴァイアサン』だけを利用する。

彼の正義論は契約主義の古典的典型である。

ホッブズの自然状態

ホッブズは『リヴァイアサン』の第十三章で、彼が国家なき状態として考えた自然状態について悲観的な像を描いている。よく知られているように、彼は自然状態では万人の万人に対する闘争が行われていて、「そこには技術も学芸も社会もなく、さらに悪いことには、継続的な恐怖と暴力による死の危険があり、人間の生活は孤独で貧しく、過酷で残忍で短い」から、人々は平和を求めて社会契約を結び、自然状態で持っていた自由を主権者に譲渡すべきである、と説く。

ホッブズはこの闘争の原因として、人間本性の中に三つの要素をあげる。それは**競争**と**不信**と**誇り**だ。競争は人々に**利益**を求めさせ、不信は**安全**を求めさせ、誇りは**評判**を求めさせることによって争いを生む、というのである。総量が限定されている利益や評判の追求はともかく、安全の追求が争いを生むという発想は奇妙なように見えるが、ホッブズは〈自分自身では征服を望まない人も、相手からの征服を予防するためには自分の方から先制しなければならない場合がある〉と述べている（「不信から戦争が生じる」の節）。信頼のないところ、常に争いが起こるおそれがあるというのだ。

なお後で見るように、ホッブズは利益と安全と評判というこの三つの目的のうち、利益や安全を求めることは合理的だが、他の人々に対する相対的優位性にほかならない評判を求めることは不合理だと判断していた。

またホッブズによると、自然状態では共通の強制力が存在しないから、そこでは正不正（Right/Wrong; Justice/Injustice）も、所有権も存在しない。だから彼が言う自然状態における「自由」とは、自由権といった規範的な観念ではなく、単に「禁じられていない」というだけの事実上の状態だ。言い換えれば、社会状態すなわち国家の中でしか、法律どころか道徳さえも存在しないというのだ。この主張は「国家法実証主義」にして「道徳実証主義」と呼ぶことができる。

たくさんの「自然法」

ホッブズはこのような道徳以前の自由を「自然権 Right of Nature」と呼ぶが、それは今述べたように規範的観念ではないから、「権利」という表現はあまり適切でない。

彼はそれとは別に、理性が与える一般法則を「自然法 Law of Nature」と呼ぶ。

ホッブズは『リヴァイアサン』の第十四―十五章で、十九(数え方によっては二十)ものの「自然法」をあげている。その中で最も基本的な第一の自然法はこうだ。

各人は、平和を獲得する望みがある限り、それに向かって努力すべきである。そしてそれを獲得できないときは、戦争のあらゆる援助と利益を求めてよい。

この引用文の前半部分は「平和を求め、それに従え」という命令に要約される。「そして」以下の後半部分は今説明した「自然権」の内容を再び述べたものにすぎない。さらにホッブズはここから次の第二の自然法が出てくると言う。

人は他の人々もそうである場合、平和と自己防衛のために必要だと思う限り、すべてのものに対する自分の権利を進んで捨てるべきであり、他の人々については、彼らが自分に対して持つことを自分が許すような自由を、自分が彼らに対して持つことで満足すべきである。

つまり万人が互いに平等な自由を認め合って「自然権」を放棄すべきだというのである。この第二の自然法こそ、ホッブズが社会契約加入の合理性を主張する根拠であり、契約主義道徳理論の一つの古典的典型である。そしてこれはプラトンが『国家』の最初の部分でソクラテスの口を借りて反対した発想でもある。プラトンはこのように外在的・手段的な理由では正義の拘束力を説明できないと考えたのだった。

ホッブズは第二の自然法を述べた後で、権利の相互的譲渡である契約のさまざまの性質やその有効性について多くのことを述べているが、技術的であり細かい話になるので説明は省略する（以上第十四章）。

この第二の自然法から、「人は結ばれた契約を履行すべきである」という第三の自然法が出てくるとされる。ホッブズはこの契約履行を「正義」と呼ぶ。すでに述べたように正義と所有権は社会（＝国家）以前の自然状態には存在できず、国家の設立とともに生ずる。社会の中では、近視眼的に自己利益を求めて正義に違反する人は他の人々に受け入れられないため結局損をするから、正義は理性に反しないとされる。そして正しい（just）人とは正しい行為をしようと配慮する人のことである。

なおホッブズは正義をここで「交換的正義」と「分配的正義」に二分しているが、彼が両者の言葉に与えている意味は、すでに第二章で見た伝統的なアリストテレス＝スコラ学的意味とは自覚的に異なる。伝統的な意味では、交換的正義とは交換されるものの等価性であり、分配的正義とは各人の価値に応じた分配の正しさだった。しかしホッブズはそのように「等価性」や「価値」に訴えることなしに、交換的正義を「契約上の諸行為における約束の履行」として、また分配的正義を仲裁者による「何が正しいかを決定する行為」として、それぞれ定義した。だが後者の分配的正義の方はこれから述べる第十一の自然法である「公正」と呼ぶ方が適切とされるから、ホッブズの言う「正義」は結局のところ契約の履行に収束すると理解できる。

以上の「平和を求めよ」、「平和のために自然状態の権利を捨てて相互に平等な自由を認め合え」、「契約を履行せよ」という三つの命令がホッブズの自然法の中心をなすものだが、彼はそこからさらに以下の諸命令を引き出す――。

第四の自然法　報恩（Gratitude）：「他人から恩恵によって利益を受けた人は、その人［恩恵を与えた人］が自分の善意を後悔しないように努力［して恩返し］すべし」

第五の自然法　従順（Complaisance）：「各人は自分を、他の人々に順応させるよう努力すべし」

第六の自然法　許し（Pardon）の容易さ：「過去に罪を犯した者が後悔して許しを乞うならば、将来についての保証に基づき許すべきである」

第七の自然法　復讐において将来の善だけを顧慮すること：「復讐においては、過去の悪の大きさではなく将来の善の大きさに注目すべし」何の役にも立たない復讐は虚栄vain gloryであって理性に反し、戦いを生み出すだけである。

第八の自然法　反・傲慢（Contumely）：「行為や言葉や表情や身振りによって、相手に対する憎悪あるいは軽蔑を表明してはならない」

第九の自然法　反・高慢（Pride）：「各人は他の人を自然によって自分と平等な者として認めなければならない」これは人々の間に自然な不平等があっても認めなければならない。

第十の自然法　反・尊大（Arrogance）：「誰も、他の人が保留することに自分が満足しないような、いかなる権利をも、自分が保留するよう求めてはならない」

第十一の自然法　公正（Equity）：「裁定者は当事者を平等に取り扱わねばならない」また「各人に属するものを平等に分配せよ」ホッブズはこれを「分配的正義」とも呼んでいるが、すでに述べたように、それはアリストテレスの分配的正義のような〈各人の価値による分配〉とは別物だ。

第十二の自然法　共有物の平等な使用：「分割できないものは共同で享受せよ」

第十三の自然法　くじの使用：「分配も共同利用もできないものは、くじによって決定せよ」

第十四の自然法　長子相続と先占：「最初の占有者、場合によっては最初に生まれた者が、くじによる取得者とみなされるべきである」

第十五の自然法　平和仲介者の安全の保障：「平和を仲介するすべての人々に、行動の安全を許容せよ」

第十六の自然法　仲裁への服従：「争論している人々はその権利を仲裁者の判断に服従させせよ」

第十七の自然法　「誰も自分自身についての裁判官ではない」

第十八の自然法　「不公平であることの自然な原因を自分のうちに持つ者は裁判官であってはならない」

第十九の自然法　「裁判官は証人を信用しなければならない」

以上が『リヴァイアサン』第十五章であげられた自然法だが、ホッブズはこの本の最後の部分の「総括と結論」で、「人は平時に自分を保護した権威を、戦時に可能な限り保護すべきである」という第二十の自然法を追加している。

読者はこれらの必要以上に多くの自然法のリストにすでにうんざりしたかもしれない。かつての私もそうだった。それにもかかわらず右に一々列挙したのは、その内容がホッブズの人間観と価値観を如実にうかがわせるからだ。このことを具体的に見てみよう。

復讐に関する第七の自然法を刑罰論に適用すれば、それは過去向きの応報刑論に反対して未来志向の抑止刑論を主張することになる。実際この刑罰観は第二十八章の「処罰と報酬について」で展開されることになる。報復感情を否定的に評価し将来への効果を重視するその発想は、許しに関する第六の自然法とも共通する。

そして〈他人を見下す傲慢は社会の平和の大敵である〉という発想が第五と第八から第十までの自然法に共通している。人々の間には自然的な相違が確かに存在するが、最も弱い者もこっそりと、あるいは力を合わせれば、強い者を倒せるくらいには等しい（たとえば長坂橋《ちょうはんきょう》で単騎、曹操軍を斥けた「三国志」の英雄張飛も、部下に寝首をかかれて殺された）。それに人は平等な者として取り扱われなければ社会に入ろうとしないだろうから、社会の中では誰もが平等な者として取り扱われるべきだとされる（特に第九の自然法）。さらにここから、〈人々は財の分配において（とりあえず）平等に取り扱われるべし〉という発想が出てきて、それは第十一から第十四までの自然法の中に具体化される。

第二の自然法の中には〈単純で平等な自由の相互の承認が互いにとって有利である〉という互恵性の発想があるが、これは報恩に関する第四の自然法、さらに最後の第二十の自然法の中にも見られる。

平和の尊重は第一の基本的な自然法の内容だったが、これは第十五と第十六の自然法の理由にもなっている。なおホッブズが「平和」と言うとき、それは国家間の平和よりもむしろ国内の平和を考えている。彼はイギリス内戦の経験から、内戦ほど悲惨な状態はないと考え、何よりも一国内部の安全と平和を重視していた。

最後に第十一と第十七から第十九までの自然法は、裁判の手続き的正義を要求するものだ。

ホッブズは「性悪説論者」か？

　これらの自然法からうかがえる人間像は、生まれながらの利他的感情や道徳感覚をほとんど持たず、もっぱら自己利益を追求する利己的なものだ。そのため、しばしばホッブズの人間観は「性悪説」だと言われる。しかし決してホッブズは、人が本来的に他の人々に対して敵意や悪意を持っていると言っているわけではないし、利己心をそれ自体として悪いものとして非難するわけでもない。むしろ〈自己利益の追求は理性にかなっている〉ということが当然の前提とされている。

　ホッブズの考える自然法は理性的な自己利益の命令、いやむしろ勧告であって、それは自己利益に反する行動を道徳の権威の下に命ずるものではない。本書の第七章で見ることになるカントの表現を用いれば、ホッブズの自然法は定言命法では全然なくて、自己利益の命ずる仮言命法だ。それは〈人は自己利益を求めるならば自然法に従え〉と述べる。カントだったらそんな「自然法」なるものは道徳とは無関係だと言うだろうが、ホッブズから見れば、そもそも自己利益から離れた道徳など初めから無意味なのである。

　この自己利益の観点から見ると、他者に対する優越性の意識として理解される、誇り・名誉心という情念はいたずらに社会の安全を脅かすので断罪されることになる。この判断は結論だけ見るとキリスト教的なへりくだり礼賛の倫理と類似するが、ホッブズの理由づけは全く世俗的なもので、内面的な柔和さへの高い評価によるものではない。――ただしホッブズの著作を読むと、傲慢を非難する彼自身、自分の知的優越性への自信や論敵への軽侮の念を決して隠していないように思われる。後にヒュームは「われわれが他の人々の誇りにそれほどまでに不快を覚えるようになるのは、われわれ自身の誇りのためである」(『人間本性論』3.3.2)という観察を述べたが、このような言行不一致は、ホッブズに限らず理論的一貫性を重視しているはずの哲学者の著作にもしばしば見出せるものだ。

二つ前の段落で述べたように、「自然法」は平和に向かわせる理性的な自己利益が各人に勧める行動基準だ。そのためホッブズは、〈自然法は主権者による命令ではないから、厳密には法ではない〉とも言う(第十五章末尾)。ここでホッブズは、〈法とは強制によって裏打ちされた主権者の命令である〉という十九世紀の法理論家ジョン・オースティンの法命令説を先取りしている。

『リヴァイアサン』の国家

ホッブズは『リヴァイアサン』「第二部　国家 Commonwealth について」で主権者や国民の権利や自由について述べる。その内容は極めて専制主義的なものだ。

ホッブズによれば、国民は主権者の行為を非難してはならない。主権者は裁決をする権限を独占しているだけでなく、いかなる見解や学説が平和に資するかの判断を行う権利も持っている（第十八章）。その少し前で、ホッブズは社会の混乱の原因の中に、別々の意見を持つ人々が公的問題に口出しすることをあげていた（第十七章の「理性や言葉を持たない動物が、それにもかかわらず何の強制権力もなしに社会生活をしているのはなぜか」の節）。つまり彼は、国民の政治参加は社会にとって有害無益だと考えていたのである。

そして国制の種類には君主政と貴族政と民主政の三つがあるが、そのいずれであるかは、ともかく主権的権力が存在するか否かに比べれば二次的な重要性しかない（第十九章）。とはいえホッブズは権力の分散を危険だと考えるから、諸国制の中で相対的には君主政に好意的であり、特に王政復古（一六六〇年）以後は国王の権力の擁護につとめた。彼は当時有力だった混合政体（mixed government）論もとらなかった。後世の権力分立論を知ったら、おそらくホッブズは国家の解体をもたらしかねない有害な思想だとしてそれに反対しただろう。彼が生前から専制政治の擁護者とみなされてきたのは理由のあることだ。

中国戦国時代の墨子は〈大昔、まだ刑政のなかった時には人々は皆自分自身の正義観を主張して譲らず十人十義だったために、禽獣のような悲惨な世界だった。そこで人々は天子を立てて天下を支配させた。天下が治まるのは天子が天下の正義を一つに統一しているからにほかならない〉（『墨子』尚同篇）と説いた。『墨子』の訳者・解説者の金谷治によると「この篇は［……］『墨子』の中では必ずしも評判のよいものではない」（中央公論社『世界の名著　諸子百家』八八頁）そうだが、ホッブズが知っていたらわが意を得たりと感じただろう。

しかしながら、自然法は自然状態から社会状態に移ると効力を失うというわけではない。人々は主権者によって自己利益をよりよく保証してもらうためにこそ自然権を捨てたのだから、国家が国民の生命を害したり深刻に脅かしたりするようなことがあれば、その国民はもはや法に従うべき理由を持たず、むしろ自力で自分の命を守るべきだ。だから死刑囚は死刑判決に従う理由がないことになるし、一般の国民も命を失う危険が大きい場合には兵役に服する義務がないということになるだろう——その兵役忌避が「良心的」であろうがなかろうが。国民は自分の国家や同胞のために命を投げ出すべき義務などさらさら負わないのである。この点については、ホッブズの国家はほとんどの現実の国家よりも個人主義的だ——民主的ではないが——と言える。

ホッブズは「社会契約論者」ではない

ホッブズは一般に代表的な社会契約論者だとみなされている。しかしこれは誤解だ。ホッブズは〈政治社会の中にある国民はすべて社会契約を結んだ〉とか〈すべての国家は社会契約から生じた〉といった、歴史的あるいは経験的な主張を行っていない。ホッブズはまた、国家への服従義務の主たる理由として社会契約を持ち出すわけですらない。次章で見るジョン・ロックはこれらの主張をしているが、ホッブズはしていない。

ホッブズによれば、設立すなわち社会契約による国家だけでなく、支配者による一方的な獲得や征服による国家でも、国民は服従の義務を負うし、主権者の権利は両者とも同じである（『リヴァイアサン』第二十章と総括）。社会契約によらずに生じた国家の国民が服従義務を負う理由は、主権者に服従することが自己の生命の保全に役立つというものだ。だからその服従義務は、契約義務に関するホッブズの第三の自然法からは出てこない。それは第一の自然法――平和の尊重――から直接出てくる。

彼は『リヴァイアサン』第十七章後半の「コモンウェルスの生成」の節でこう書いている。

［人々が悲惨な自然状態から逃れる唯一の方法は］彼らのあらゆる能力と力とを、一つの意志とすることができるような一人の人あるいは合議体［＝主権者］に与えることである。それは、一人の人あるいは合議体を任命して、彼らの人格を担わせること、または、共通の平和と安全に関する事柄について、［主権者が］何を行い、何を行わ

せようとも、その本人は自分であると［臣民の］各人が認めることである。ここにおいて、誰もが自分たちの意志を彼［主権者］の意志に、自分たちの判断を彼の判断に委ねるのである。これは同意以上のものであって、一つの人格への彼ら全員の真の統一である。

このようにして臣民と主権者は同一の人格になるというのだ。ホッブズは第十六章で本人と受権者の間のこのような関係を「代理」とか「代表」と言っていた。そのために、自発的な社会契約によって設立された国家の国民は、獲得や征服による国家の国民よりもいくらか強い服従義務を負うのかもしれない。

しかしホッブズによれば、ともかく支配者が国家を実効的に支配して国民に安全を与えていれば、社会契約の有無にかかわらず、国民は主権者に服従すべきなのである。

それにもかかわらずホッブズが一般に社会契約論者とみなされてきたのはなぜかというと、『リヴァイアサン』の第二十章で獲得による国家の正統性に触れる前に、第十七章から第十九章まで社会契約によって成立した国家について長々と論じているために、彼があらゆる国家は社会契約から生じたと想定しているかのような印象を多くの読者に与えてしまったからだろう。

これまで述べた理由があるから、ホッブズを社会契約論者と呼ぶのは正当でないが、現代的な意味での「契約主義者」だとは言える。ホッブズは〈自然状態にある人々が社会契約を結ぶことは理性的である〉と主張するが、これは言い換えれば、〈社会契約によって実現されるような道徳と法は誰にとっても妥当なものである〉ということだ。そしてそれがなぜ妥当であるかというと、誰にとっても利益になるからに他ならない。——ホッブズほど明瞭ではないが、以上の発想はその後のプーフェンドルフ（ドイツの哲学者。代表作は『自然法と諸国民の法』一六七二年）やロックの社会契約論にも受けつがれた。

今日の契約主義道徳は、デイヴィド・ゴティエ（『合意による道徳』小林公訳、木鐸社）のように、仮定的契約の参加者が得るはずの相互的な利益に訴えかけるヴァージョンと、ロールズやT・M・スキャンロン（『われわれがお互いに負っていること』未邦訳）のように、公正という端的に道徳的な考慮に訴えかけるヴァージョンがあるが（ただし私は、両者の相違は画然としたものではなくて程度問題だと考える）、ホッブズは前者の相互利益版契約主義の古典的な一例である。

またホッブズの自然法のリストを見る限り、それが勧告する道徳は主として行動の規則に焦点を当てていて、行動から独立した人の性格自体はあまり重視していない。それどころかホッブズは、正しい人とはその行為が正しい人のことだとしていた（「第三の自然法」

の部分)。ホッブズの政治哲学は徳倫理学の対極に位置するものである。同じことは、程度はより小さいが、次の章で見るロックの政治哲学についても言える。

第四章　正義とは自然権の保護・実現である

——ロック

ホッブズと違って、ジョン・ロックの『統治二論』(一六八九年)、特にその第二篇は近世社会契約論の典型を示している——とはいえ、後で述べる理由からロックの場合は「社会契約」というよりも「国家契約」と呼ぶ方が適切なのだが。ロックの政治思想、特に正義論を説明するためには、前章で述べたことをいくらか繰り返すことになるが、ロックとホッブズの「社会契約論」の間のいくつかの相違をあげるのが一番だろう。

ホッブズとロックの社会契約の相違

第一に、社会契約の理論的な地位を見てみる。

ホッブズにおいては国家を設立する社会契約は、歴史的な通例ではない。それは時と場所によって存在したこともあれば存在しなかったこともある偶然の事柄である。また自然状態の中にある人々が社会契約を結んで主権者に従うことは合理的だが、だからといって社会契約がなければ国民の服従義務が正当化できないというわけではない。社会契約が結ばれようが結ばれまいが、国民は国内の安全を実効的に守る主権者に服従すべきなのだ。

ロックはこれに対して、社会契約はどの国家でも現実に結ばれたし、現在の国民も他国に移住せず自分の国に住み続けることによって暗黙のうちに契約を結んでいると考える。そして社会契約を結ぶことは単に合理的なだけでなく、社会契約によってこそ国民の順法義務が正当化されることにもなる。

第二に、二人が考える自然状態もかなり異なる。

ホッブズの自然状態は文字通り法も道徳も存在しない、万人が万人に対して狼であるような悲惨な状態である。

一方ロックの自然状態は「各人が、他人の意志に依存したりすることなく、自然法の範囲内で、自分の行動を律し、自らが適当と思うままに自分の所有物や自分の身体を処理することができる完全に自由な状態である」。また誰もが同じ支配権を持つという意味で、それは「平等な状態」である（『統治二論』第二篇第二章「自然状態について」第四節）。この自然状態の人々は自然法をある程度まで認識し実行していて、自発的な協力関係や財産もそこには明らかに存在するし、おそらく貨幣も交換手段として発生するだろう。このようにロックの場合、国家以前の自然状態でも社会がすでに存在したのだから、彼の「社会契約」は「国家設立契約」とでも呼ぶ方が適切だ。

だがロックの自然状態はホッブズのそれよりもはるかに住みやすそうなので、その分だけ国家を設立しなければならない必要性が弱くなる。ロックによると、自然状態では自然法の解釈に争いが生ずるし、自然権も十分に保証されないので、この不都合を避けるために「政治社会」（これはロックでは国家と同じ意味）が必要になるとされる（前掲第九章）。

ただし自然状態の不都合がこの程度のものならば、政治社会に加入したい人たちだけが国民となって、社会契約を結ぼうとしない人たちを独立人として放っておいてもよさそうなものだが、ロックはある地域に住んでいる人々がすべて同じ国家の国民になるかのように書いている。後にロバート・ノージックは『アナーキー・国家・ユートピア』（一九七四年）第一部でこの問題を真剣に考えて、国家に加入しようとしない「独立人」も国家を受け入れるべきである理由を探ることになる。

第三に、ホッブズとロックが「自然権」と呼ぶものも異なる。

ホッブズは生命への権利を何よりも重大な行動理由として考えるが、それを「自然権」と呼ぶことはしない。前章で見たように、彼の言う「自然権」とは結局のところ、〈何も禁止されていない〉という、義務の不存在の状態を意味するものにすぎず、他の人々に対して不作為を含む義務を課するものではない。そして人は社会契約によってこの「自然権」を放棄するのである。

これに対してロックの考える「自然権」は、誰もが他の人々に対して尊重を要求できる道徳的権利だから、今でいう「人権」という観念に近い。ただしその範囲は現代的人権よりも狭く、社会権や参政権を含まず、典型的には生命・自由・財産に対する権利である。これをロックはしばしばpropertyと呼び、狭義の「財産」と区別して「固有権」と訳されることがある。近世・近代の自然権論の中でも、後述するようにロックの所有権論は労働所有論と呼ばれる独創的な発想である。さらにロックは〈自然状態では誰もが自然法違反に対する処罰権（不法行為被害者の賠償請求権とは別物）を持っている〉とも考えている。ロック自身この思想が奇妙だと思われるだろうと自認しているが、自然状態においてそもそも誰かが正当に処罰をできるとしたら、それが特定の人だけに許されるべき理由は乏しいから、誰でもその権限を持っていると考えるのは自然な帰結だ。

またホッブズの自然権と違って、ロックの自然権は自然状態だけでなく政治社会にはいった人々も持ち続ける権利である——そもそも社会契約の目的自体が、自然権を一層確実にすることとなのだから。ただし不正な行為を行った人を処罰する権利は例外で、政治社会ではその行使は国家に託されることになる。

第四に、「自然法」の内容も異なる。

ホッブズにおいて自然法は自然権とは全く別の観念である。自然権が自然状態における義務の不存在を意味していたにすぎないのに対して、自然法は理性的な自己利益の勧告とでも言うべきものであり——そしてホッブズの理論ではそれだからこそ道徳的な義務を課し——自然状態でも国家状態でも変わらずに妥当する。

それに対してロックでは自然法は自然権と切っても切れない観念である。自然権の内容は自然法に含まれる。ロックは「正義 justice」という言葉を稀にしか用いないが、それらの個所を見るならば、自然権を守ることが正義に他ならない（第二篇第三章第二十一節、第十一章第百三十六節、第十六章第百七十六節）。ロックにおいても自然法が道徳的な観念であるということはホッブズと同様だが、それはホッブズにおけるほど人間の行動一般に指示を与える広範な命令ではない。

最後に、本章の以後の議論を先取りすることになるが、前章の最後で〈ホッブズは社会契約論者ではないが契約主義者である〉と述べたのと反対に、ロックは社会契約論者だが本書の意味における契約主義者ではない。なぜならロックの考えでは、政治社会は合理的な社会契約によって形成されるが（従って社会契約論）、正義の規則の内容は合理的な社会契約以前から決まっていて、それは自然権と自然的義務からなる自明のものだから だ（従って契約主義ではなく義務論）。

ロック以前の所有権論

ロックの『統治二論』の自然権論、もっと広くは政治哲学の大きな特色は、その所有権論にある。それまでの西洋思想では諸個人が自分の身体の支配権を持つことは自明視されていても、外物の私的所有は十分な正当化を受けないきらいがあったが、ロックは有名な労働所有論によってそれを正当化した。

古典古代からグロティウス（オランダの哲学者で「国際法の父」と言われる。代表作は『戦争と平和の法』一六二五年）やプーフェンドルフのような近世自然法論者に至るまで、世界の天然資源——比喩的に言えば「大地」——は、元来誰もが自由に利用できる人類全体の共有物であるという発想が普通だった。

原始状態と違って、歴史の発展とともに天然資源について単なる利用の権利だけでなく、先占者すなわち最初の占有者による継続的な私的所有権も認められるようになったが、その変化は人々による暗黙の合意によって生じた——。所有権について書いてきた論者たちはそう想定していたようだ。ホッブズの第十四の自然法も「最初の占有者がくじによる取得者とみなされるべきである」という、先占による所有権取得を認めるものだった。ロックより後になるが、次章で取り扱うヒュームの所有権論も〈先占による取得という規則への全員の暗黙の同意〉という枠組みを基本的に踏襲している。しかしこのように考えると、〈はたして共有者である人類の全員が、共有物の先占による私有化＝専有 appropriation に合意しただろうか？〉という疑問が生ずる。そんな合意がどこかに存在したと考えるのは現実的でない。

ロックは暗黙の同意というこの疑わしい想定をとらない。彼は〈人類全体による共有〉

という言い方自体は継承する。しかし一口に「共有」と言っても、その形態には、共有者が共有物をいかなる仕方で、またいかなる条件の下で利用できるか、その分割が合意によって、あるいは合意によらずとも、可能か否か、持分権を持っているか否か、などによっていくつもの態様がある。ロック以前の自然法論者の念頭にあった共有形態は、持分権がないが誰でも利用できる、民法学で言う「総有」的入会《いりあい》権に近いものだったようだが、ロックの共有の理解はそれよりも共同性がかなり弱くて、〈特定の人のものではない〉という程度の状態に近い。ロックは利用されていない資源を実際には無主物類似のものとして理解するので、先占者がそのような資源を専有するにあたって他の人々の同意は必要とされないのである。ただしロックは専有のためには単なる最初の占有だけでは足りず、労働の投下が必要だと考える。

ロックの労働所有論

ロックは『統治二論』第二篇第五章「所有について」の中で有名な私的所有論を展開する。中核的な文章はこうだ。

大地や人間以下の被造物のすべては人類の共有物だが、すべての人は自分自身の身体に対して所有権を持っている。これに対しては、本人以外の誰も、いかなる権利も持っていない。人の身体の労働とその手の働きは、まさしくその人のものと言ってよい。そこで、自然が与えそのままにしておいた状態から人が取り出したものは何であっても、その人はそこで労働をそれに混ぜ、自分自身のものをつけ加えて、それへの所有権が発生する。その物は自然のままの状態から彼によって取り出されたものだから、この労働によって他の人の共有権を排除する何かがつけ加えられたことになる。疑いもなくこの労働は労働をした人の所有物なのだから、少なくとも共有の物が他の人にも十分に、そして同じようにたっぷりと残されている場合には、いったん労働をつけ加えた者にはその本人以外の何人も権利を持ちえない。（第二十七節）

誰もが自分の身体の排他的な所有者である、そしてさらにそれまで共有だった資源に労働を加えたときは、その対象も自分が所有する、というのだ。前者の主張は「身体所有論」、後者の主張は「労働所有論」と呼ぶことができるが、現代のマルクス主義政治哲学者G・A・コーエンによる批判（コーエン『自己所有権・自由・平等』松井暁ほか訳、青木書店）以来、両方をまとめて「自己所有権テーゼ」と呼ぶことも多い。

ラディカルな平等主義者であるコーエンを別にして、自分の体は自分の物だという身体所有論を受け入れない人は稀だが、労働所有論を批判する論者は少なくない。彼らの多くは天然資源が人類の共有物だという意味をロックよりもはるかに強く理解する。しかし万人が、世界中に存在する見たことも聞いたこともない資源のすべてに対してそれほど強い権利を持っていると考えるのは説得的でない。何よりも、価値というものは誰かがそれを発見し現実化することによって大部分がはじめて生み出されるのだから、価値創造に何ら寄与しなかった人がその価値に対する権利を主張するのは不当だと思われる。

労働所有論の論拠

ロックは自分の労働所有論の論拠を明確に整理しているわけではないが、私の解釈ではそれは四つに分類できる。

第一は**価値の創造**で、〈自分の労働によって新たな価値を作り出した人は、その価値を体現している対象を所有する権利がある〉という発想だ。ロックは荒れ地を開墾した農民がその収穫物にも、また肥沃なものに変えた耕地にも、所有権を持つと主張する。ロックによると、その土地の価値のほとんどすべてがその開墾者の作り出したものである。ここからロックは、〈価値を作り出した人がその対象を自分のものにするからといって、他の人々に何ら不利益を与えるわけではない〉と考える。

第二は**労苦への報い**で、〈労働は苦しくつらいものだから、汗水たらして働いた人にはその労働に報いることがふさわしい〉という発想だ。これはあまり明示的には述べられないが、ロックが労働についてしばしば「骨折り」とか「汗」といった表現を用いているのは、この発想を持っているからに違いない。

第三は**人格の拡張**で、〈労働した人はその対象物に自己の人格を拡張させて自分のものにする〉という発想だ。典型的には自分の身体の一部になったものがそうだが、「労働を混ぜる」というロックの表現もこれを示唆している。

そして第四は第一の価値創造と関係するが、**生存と繁栄**で、〈労働による所有という慣習は誰にとっても生存と豊かな暮らしを可能にする〉というものだ。労働した人が直接それによって財を得られるだけでなく、それ以外の人々も交易を通じて豊かになれる。また〈労働による所有〉という制度全体が人々に生産活動への動機づけを与えて社会の繁栄に資する。もし他人の労働の産物を横取りすることが許されていたら、生産への動機が殺《そ》がれて、人口も生活水準も低いままにとどまるだろう。

労働と違って、資源の単なる占有だけでは、労働所有論の第三の論拠には該当しても、それ以外の論拠は満たせない。だがこの四つの論拠の中でも第一と第四のものが重要で、第二と第三は補足的なものにすぎない。なぜなら第二の労苦への報いについて言えば、誰かが何の価値も生み出さないような無駄働きを自分から進んでしたとしても、その苦労に報いる義務は誰にもないだろうし、第三の人格の拡張について言えば、これはあまりにも主観的かつ漠然とした観念なので、所有権の範囲を決める役に立ちにくいからだ。

ロックの労働所有論は一次的には土地などの天然資源への労働投下を例としてあげているが、工業生産や商業活動やサービスや知的生産も価値を作り出すということを考えると、必要な変更を加えれば労働一般に適用できる。

なお前記の引用文の最後にあったように、ロックは労働による所有権獲得について、「少なくとも共有のものが他の人にも十分に、そして同じようにたっぷりと残されている場合には」という、〈十分性の制約〉とか〈ロック的但し書き〉と言われている条件を課する。その条件については研究者によって多様な解釈がなされてきたが、私の理解するところでは、ロックがそれによって意味している条件は、〈労働所有権が認められている社会がそうでない社会よりも万人の生活状態が良い限り——少なくとも悪くない限り〉ということである。そしてロックはこの条件が大抵の場合事実において満たされていると考えていたのだろう。経済学の用語を使って言えば、労働所有権が認められている社会はそうでない社会よりもパレート改善（ある状態が、比較対象の状態よりも少なくとも誰かにとって改善であり、誰にとっても改悪でないということ）なのである。

ロックは余裕のある人が極端な欠乏状態にある人々に財を与えるチャリティの義務を、『統治二論』第二篇では暗示するにとどめているが第一篇では明言している(第一篇第四章第四十二節、第二篇第二章第六節)。この義務の存在も右に述べた解釈と整合的だ。なぜなら労働による所有が認められている社会の方が、極端な欠乏状態にある人々の数が少ないだろうから、チャリティの義務を認めやすくなるのである。誰もが貧しい社会では、そんな義務を課することには説得力がない。

ロックの労働所有論は現代まで多くの支持者を得たが、ヒュームやカントのような哲学者からの批判も受けた(ただし二人ともロックの名前を出しているわけではない)。ヒュームは〈所有権の規則は、労働所有論ではなくて観念連合と公的効用によって認められるに至った〉と言った。カントは〈労働所有論は、所有権が人と物との関係ではなくて人と人との関係であることを見落としている〉と批判した。私はすでに『ロック所有論の再生』(有斐閣、一九九七年)という本の中でこの二人の批判を詳しく検討しそれに反論したのでここでは再論しないが、彼らの労働所有論批判に共通する致命的な欠陥は、〈労働はそれまで存在しなかった価値を作り出す〉というロックの論点を見逃しているということだ。

ロック正義論の普遍的性質

ロックは主著の『人間知性論』（一六八九年）第一巻第三章では正義の観念は生得的なものでないと力説したが、その一方、同じ年に発表した『統治二論』では自分の考える自然権が理性によって明らかに認められると考えていた。しかし彼は『統治二論』においてそのことを証明しようとする論証を行っているわけではない。結局彼がそこでしたのは、自然法が実際に有益な帰結を生むと論ずることと、人々が持っている道徳的信念に訴えることだけだ。しかしそもそも最も基本的な道徳的信念はそれ以上論証できるものではなく、単純に前提せざるをえないものだから、それもやむをえない。むしろ誰もが生命・自由・財産に対する基本的な道徳的権利を持っているというわれわれの直観と、労働が価値を新たに生み出すという洞察とを明らかにした点に彼の正義論上の貢献がある。

ロックの『統治二論』の序文が述べている名目上の執筆目的は一六八八—八九年の名誉革命の正当化だ。だが二十世紀後半以降のロック研究の示すところでは、彼は『統治二論』の内容の大部分を、名誉革命よりも十年近く前の「排斥法危機 Exclusion Crisis」の時期に、王党派の主張に反対して執筆していた（が公刊しなかった）のである。

しかしいずれにしても、『統治二論』は時事的な政治評論として見ると意外なほどイギリスの法制度や歴史への言及が乏しく、それらの数少ない言及もおざなりだ。ロックはマグナ・カルタ（一二一五年）や権利の請願（一六二八年）にも触れていない。『統治二論』執筆の経緯がどうであったのであれ、特にその一層重要な第二篇はかなり一般的・原理的なレベルにとどまる政治理論である。

そのためもあって『統治二論』は以後のイギリスよりもアメリカ独立革命に大きな影響を及ぼした。その最も有名な例はトマス・ジェファーソンが起草した独立宣言（一七七六年）だ。生命・自由・幸福追求の権利を不可侵の個人権であるとした独立宣言の思想は日本国憲法にも受けつがれた（特に前文第一段と第十三条）。

正義論の歴史におけるロックの功績は、個人主義的・自由主義的な古典的自然権論の典型を与えたという点にある。ただしロックの自然権論は、前述のチャリティの義務を除くと、自由権に限定されていて、社会権を含まない。社会権をも含めた近代人権論の典型は、それから約一世紀後にフランス人権宣言を擁護したトマス・ペインの『人間の権利』（一七九一―九二年。西川正身訳、岩波文庫）なのだが、この古典の説くところは現代人にとってあまりにも常識的に感じられるせいか、過小評価されているように思われる。

本章の最後に一言つけ加えておく。ロック研究者の中には彼の思想におけるキリスト教的要素を強調して、彼の政治思想もキリスト教なしには理解できないかのように書いている人たちがいる。私は彼らのアプローチに従わず、本章でも宗教思想に触れなかった。それは少なくとも『統治二論』第二篇に限れば、彼の主張はキリスト教を信じない者にとっても十分理解でき、そして説得力を持つと考えるからだ。ロック自身が敬虔《けいけん》なキリスト教徒だったということは歴史的事実だ。しかし彼の政治思想から神という観念を抜いても、それは無宗教の人々にとっても説得力を持つ。『統治二論』を主たる源泉とする近代の自由主義と人権思想がキリスト教以外の世界にも広く受け入れられているという事実は、宗教から独立したその思想の普遍的価値を示している。

第五章

正義とは慣習によって生じた財産権規則を守ることである

――ヒューム

財産法にとどまるヒュームの正義

倫理学上重要な思想家の中でも、十八世紀中葉スコットランドの哲学者デイヴィド・ヒュームの正義観念は極めて限定されたものだ。彼は①所有と、②同意による所有の移転――言い換えればバーター取引――と、③約束という三つの規則の順守だけを、正義、そして自然法という名で呼んでいるからだ。ヒュームは近世の多くの論者と違ってアリストテレスの言う分配的正義に触れないし、それどころか生命や人身の尊重さえ正義の中に入れようとしない。彼の正義は財産法の領域にとどまる。だがこのような視野の限定にもかかわらず、彼は正義の規則が生まれる状況や過程について重要な貢献を行った。

ヒュームは『人間本性論』(一七三九―四〇年)の第三巻第二部「正義と不正義について」の特に前半と、『道徳原理の研究』(初版一七五一年、本書では最後の一七七七年版による)の第三章「正義について」と付録三「正義に関する若干のさらに進んだ省察」の中で、彼の考える正義についてある程度詳しく述べている。この二つの書物の正義論の間には、『人間本性論』の方が正義の慣習的側面を強調し、『道徳原理の研究』の方が効用の考慮を重視するといった強調点の置き方の違いはあるものの、基本的な相違はないと思われるので、ここでは両者を総合して取り扱う。

ヒュームもホッブズやロックと同様、私有財産の保障や約束の履行が自然法だと考えるが、その実践は国家による強制によって始まる（ホッブズ）わけでもなければ、理性ある人間にとって自明（ロック）なのでもなく、人々の事実上の合意によって次第に生じたと考える。

ヒュームによれば、財の保有が確定していることが社会に安全と平和をもたらし利益を与えるので、まず所有権の規則が発生した。だが各人が自分の財産を持っているだけでは、互恵的な取引による利益の拡大ができないので、それを可能にするために譲渡による所有権の移転（つまり現物売買）が生まれ、さらに将来の行為の履行を義務づける約束という制度が生まれた。ヒュームはこれら三つの正義の規則が「コンヴェンション」であると言う。彼はその三つの中でも所有権を正義の中心と考えていた。彼の正義論はもっぱら所有権を念頭に置いて書かれている。

「コンヴェンション」とは何か

「コンヴェンション」という言葉には多様な意味とニュアンスが含まれていて、規約とか慣習とか合意とか黙約などと訳されるが、ヒュームの言うコンヴェンションとは、統治者や公務員によって計画されたり制定されたりしたのではなしに、人々の自発的な行動によって次第に発生したものだ。そうするとそれは意図的な**規約**というよりも、**慣習**あるいは**合意による慣習**と訳す方がふさわしい。その合意は明示的なものである必要はなく、行動の中に暗黙のうちに現れるだけかもしれない。

ヒュームがコンヴェンションの例としてあげるのは、二人の人が一緒にボートをこぐというケースや、金と銀が交換の基準となるとか言葉の意味が決まってくるとかいった慣習である。日本語や英語といった自然言語の文法も、誰が決めたものでもなく、その使用者の言語使用から生じたものであり、その内容が歴史的な事情などの偶然的原因によってかなりの程度まで決定されるという点で、コンヴェンションの適例だ。人々は継続的にコンヴェンションに従うことによってその拘束力を感ずるようになる。

ところでヒュームは『道徳原理の研究』の中で所有権の起源がコンヴェンションであると述べた後で、自分のこの理論は大体においてグロティウスの理論と同じだと言って、グロティウスの『戦争と平和の法』から長い引用を行っている（付録三の最初の注）。グロティウスはそこに引用された文章の中で〈原始的共有から契約による私有財産の成立〉というロック以前の伝統的な発想（前章一〇四—六頁参照）を述べているから、ヒュームもその発想自体には賛同していることになる。しかしヒュームはグロティウスと異なる独自性を持っていた。それは〈所有権は人々の共通に持っている利害の感覚によって承認されるようになった〉と強調する点にある。
ヒュームは『人間本性論』でも『道徳原理の研究』でも、近世ヨーロッパの思想家らしくローマ法の影響の下、所有権獲得の原因として現在の占有や先占（最初の占有）や時効や相続などをあげる。彼の考えでは、これらの規則はその当事者と対象物との間の想像上の観念連合から生じたものにすぎず、規則の具体的な内容がどうであるかはあまり重要でない。ともかくその規則が認められて財の帰属が確定しているという事態の方がはるかに大切なのである。

これではまるで財産法の規則の内容は、左側通行か右側通行かの交通規則と同じように恣意的なものであるように聞こえる。これらの規則に従った個々の行為が必ず公共の利益になるとは限らないが、その全体的な実践は誰にとっても有益である、というのがヒュームの基本的発想だ（ただし彼は『道徳原理の研究』では個別の規則の相対的な効用も重視している）。

ヒュームは〈勇敢さや善意や誇りといった他の自然的な徳と違って、正義は人為的な徳である〉と指摘することによっても、正義のコンヴェンションとしての一面を示している。彼によれば、自然的な諸徳はそれが本人自身か他の人々にとって直接快いか有用であるために賞賛されるのだが、正義はそのような徳とは違う人為的なものである。正義の有用性はすぐには明らかなものではないが、長い経験を経て有益なものだとわかり、人々の間の共感を通じて認められるようになった、というのだ。

正義の「人為的」性質に関するこの議論は、〈正義は対他的な徳である〉というアリストテレスの主張を思い出させる。アリストテレスもヒュームも、正義が時として本人にとって不利益な行動を命ずることを認識していた。だがヒュームは正義の徳の制度が全体としては各人の利益になると指摘した。彼はさらに『道徳原理の研究』の「結論」の末尾では、誠実な人がばかを見て不正な行為者が利益を得ることも時にはあるが、「自分自身の行動に対する心安らかな反省等の、金銭では購いえない満足」が「贅沢と浪費の熱に浮かされた空虚な遊興」とは比較できないほどの快楽を与えると主張して、自己利益の点から見た正義の合理性を擁護した。

正義が慣習として生じたとするヒュームの議論は、二十世紀のオーストリア学派経済学者フリードリヒ・ハイエクの「自生的秩序」論の源泉の一つにもなった。ヒュームやスミスから想を受けたハイエクは、言語や経済や法など人間社会に不可欠な制度は理性的な計画や設計ではなく、人々の意図していない行動からおのずと生じたと主張したのである。

ただしハイエクの考えは、〈人々がそれらの制度の有益性を意識して従うからではなく、それらの制度が**社会全体**の存続と繁栄にとって有益だからこそ広く選択されてきた〉という社会進化論的なものであるのに対して、ヒュームは人々が伝統尊重の性向を持っているという事実自体を認めても、むしろ〈**個々の人々**は正義の規則の自分にとっての有益さを経験し実感して、進んでそれに参加し、事実上合意している〉と、暗黙の合意の要素を重視した。この点は、〈長く生き残ってきた伝統には容易にうかがい知れない存在理由があるだろうから尊重に値する〉と考えていたらしい保守的なハイエク（彼の遺著『致命的な思いあがり』西山千明監修、渡辺幹雄訳、春秋社を参照）とは違う、契約主義的な発想である。

〈所有権や約束などの制度は万人の利益になるから誰もが守るべきだ〉という相互利益的契約主義の発想はホッブズも持っていたが、ホッブズが〈国家による強制がなければこれらの制度は実現できない〉と信じていたのに対して、ヒュームは〈そのような強制がなくても人々はおのずから相互に権利を認め合うことになるだろう〉と考えていた。

正義の状況

ヒュームは正義の発生を説明するにあたって、いくつかの状況が不可欠の役割を果たすと考える。その中には**人間の利己性**と、**事物の希少さ**と、**事物の保有の不安定性**と、**個人間の大まかな平等性**が含まれる。それぞれについて説明しよう。

ヒュームによれば、人は誰でも他人よりも自分の方を大事に思っているから、他の人々に対する親切心は限られたものにならざるをえない。次に、人間にとって価値がある事物は無尽蔵ではないから、その保有について争いが起こることになる。また人間の精神と身体に属する善（＝利益）は本人から奪うことができないが外物は奪うことができるので、このことも外物の保有について争いが起きる原因になり、所有を画定すべき必要が生ずる。最後に、人間と他の動物の間には身体的・精神的能力の差が大きすぎて一方的な支配ができるから正義の関係は生じないが、人間の間にはある程度の平等があるので、相互の自制と尊重が必要になってくる。

もしこれらの事情が存在しなければ、財産に関する規則は必要がなく、それゆえ発生しなかっただろう。たとえば家族の間には普通愛情が存在するから、家庭の内では所有権がほとんど問題にならない。空気は人間の生存に欠かせないが事実上無尽蔵に利用できるから、それについても所有権は存在しない。あるいは逆に、飢饉や難破のような極端な非常事態でも正義の規則が働く余地はない。誰もが所有権の規則を無視して自己保全を求めることを非難できないからだ。

人間間の能力の平等という事情についてヒュームはあまり楽観していなかったように見える。彼は言っている。

野蛮なインド人に対する文明化されたヨーロッパ人の大なる優越性は、われわれを彼らに対して動物に対するのと同じ立場にあると想像するように誘い、彼らを遇するときには、正義のあらゆる制約、そして人間性の制約すらもかなぐり捨てさせるのである。多くの国々では、女性は奴隷同様の地位に貶められ、彼女たちの尊大な主人たちに逆らっては、一切の所有が不可能にされている。

（『道徳原理の研究』第三章第一節末尾近く）

当時のインドが「野蛮」だったというヒュームの考えには偏見があっただろうが、「思慮分別と教育のある女性は、同程度の男性よりも、すべての洗練された著述のはるかに優れた判定者である」（『道徳・政治・文学論集』「エッセイを書くことについて」田中敏弘訳、名古屋大学出版会）と述べて女性の知的能力に敬意を払っていたヒュームは右の文章を事実の観察として述べたのであって、決して是認するつもりではなかったと私は信ずる。

ヒュームはこれらの事情が正義を発生させたと指摘するが、それに加えて、人々が長期的な利害よりも目先の利害にとらわれがちであるという事情が、統治と服従の根源であると主張する（『人間本性論』3.2.7）。この近視眼性のために社会の法が破られがちなので、それを抑止して正義を執行するために統治者が必要とされる、というのである。

ヒュームは〈統治と服従の根拠は社会の安全と平和の確保にある〉と考えるが、その一方

〈誰が正統な支配者か？〉という問題はそれほど重要でなく、理論的に決定することもできず、結局のところ実効支配や想像力の働きによって事実上決まるだけだという現実主義的見方をとっている（同上3.2.10）。この見方は〈所有権の規則の確立は社会にとって不可欠だが、その具体的な内容はそれほど重要でない〉という彼の正義観とも軌を一にしているし、ホッブズの国制観とも似ている。

ホッブズもヒュームも、統治の実態から離れて、統治者が誰であるかという問題や公的意志決定手続きに政府の正統性がかかっているとは考えなかった。彼らは血統による正統性も、歴史・伝統による正統性も、共和主義的連帯による正統性も、民衆の意志による正統性も、みな信じていなかった。むしろそのような根拠にもとづく忠誠義務は人々の感情に訴えるとしても不合理だとみなしただろう。彼らの忠誠義務＝政治的責務観は徹頭徹尾プラグマティックなものである。

ヒュームが統治の源泉としてあげる、人々の近視眼性は、彼の三つの自然法＝正義を執行する司法（英語ではこれもjusticeと呼ばれる）が必要となる理由だから、これも正義を必要とする事情の一つとして理解できる。

〈人々の利己性や近視眼性や資源の希少性などの事情が存在するからこそ、社会の中で正義が必要とされる〉という発想はすでにホッブズの自然法に関する議論の中にも見られたが、そこではそれらの条件が断片的に述べられるだけで、ヒュームにおけるほど整理されてはいなかった（またそれはロックの自然状態論の中には見られなかったようだ）。ヒュームが明確化したこれらの状況は、今日ロールズの『正義論』（第一部第三章第二十二節）の用語法に従って「正義の状況」という名で知られている。紛らわしい名称だが、この「正義の状況」とは〈正義が実現されている状況〉という意味ではなく、〈正義が必要とされる状況〉のことである。

ハートの「自然法の最小限の内容」

二十世紀後半に「正義の状況」の発想をヒューム以上に簡潔明快に要約したのが法哲学者のハーバート・ハートだ。彼は主著『法の概念』（一九六一年、長谷部恭男訳、ちくま学芸文庫）の中で、およそどんな人間社会の道徳的・法的規則も含んでいるであろう内容を「自然法の最小限の内容」という名で呼んでいる。その内容を決めるのは、人間世界に普遍的な次の五つの自明の事実である。

（1）人間の傷つきやすさ——このために殺人・傷害などの暴力の行使を禁止する規則が生ずる。

（2）大まかな平等性——ここから相互の自制を要求する規則が生ずる。

（3）限られた利他性――これもまた相互の自制を要求する規則を生む。
（4）限られた資源――ここから私有財産や約束の規則が生ずる。
（5）限られた知性と、意志の弱さ（その中で大きな部分を占めるのは近視眼性）――ここから規則違反に対する組織化された制裁の制度が生ずる。

ハート自身書いていることだが、彼はこの議論において『リヴァイアサン』と『人間本性論』に大きく依拠している。だがハートはヒュームが正義の状況の中に含めた〈事物の保有の不安定性〉を入れていない。それももっともだ。ヒュームは〈精神と身体による善は外物と違って人から奪うことができない〉という理由から、彼の「正義」を財産に関する規則だけに限定したが、実際には身体的善は強制によって奪うことができるし（奴隷化）、精神的善も人から奪うことはできなくても損なうことはできるからである。だからこそ財産権だけでなく生命や自由への権利が必要となる。

ホッブズもロックも、それぞれ根拠は違うが生命と身体への権利の保護が国家の最も重要な任務であると考えていたし、次の章で取り上げるアダム・スミスも同様だ。ロックとスミスにとってこれらの権利は自明の自然権だった。おそらくヒュームも生命と身体の保全の重要性は認めていただろうが、彼の正義論の中にはそれに対する明示的な言及がない。ハートの言う「人間の傷つきやすさ」をヒュームは無視あるいは軽視していたように見える。

ハート自身認めているように、彼の言う「自然法の最小限の内容」はよき社会を保障するものではなく、社会を存続させるために本当に「最小限」のものにとどまる。しかしそう考えても、まだそれは完全なものではないだろう。たとえばヒュームは『人間本性論』の随所で（正義論の文脈においてではないが）誇りという人間に普遍的な感情や性的結合や家族生活の重要性に触れているが、これらも「正義の状況」を構成しそうなものだ。そうすると子育てに関する「自然法」もあるだろう。また物理的な財だけでなく情報の重要性も忘れてはならない。その一方、人々が個人としてだけでなく集団としても対立しうるということを考えると、規範ではなく事実としての「大まかな平等性」には疑問が提起されるだろう。しばしば小集団は大集団にとうてい太刀打ちできないからだ。

これらの事実も考慮に入れると、ハートの議論には修正が必要になってくる（ニール・マコーミック『ハート法理学の全体像』角田猛之訳、晃洋書房、第八章も参照）。つまりハートの「自然法の最小限の内容」論はホッブズとヒュームの自然法論の簡約改良版だが、さらなる改善の余地がまだ残されているのである。

ヒュームの徳倫理学と帰結主義・契約主義

本章ではこれまでヒュームの正義論の帰結主義的・契約主義的側面を強調してきたが、彼の正義論は徳倫理学の面も持っている（三四頁の表を参照）。ヒュームは個々の行為の正不正よりも、行為に現れた行為者の性格が道徳的判断すなわち賞賛と非難の真の対象だと考えていたからだ。たとえば彼はこう言っている。

> 何らかの行為に徳や悪徳がある場合でも、それは単に性質ないし性格の徴《しるし》としてである。その行為は、人の行い全体に広がって人物の性格と結びつく精神の持続的な原理に依存するのでなければならない。行為それ自体は、何らかの恒常的な原理から生ずるのでなければ、愛や憎しみ、誇りや卑下に何の影響も及ぼさないのであり、したがって道徳に関わって考慮に入れられることは決してない。（『人間本性論』3.3.1）

それゆえ、たまたま不運な境遇にあるために自分の徳を発揮できない人も賞賛されることになる。ヒュームはこれを「襤褸《ぼろ》に包まれた徳」と呼ぶ。

このような思想は徳倫理学の典型的な発想なので、ヒュームはしばしばアリストテレスと並んで徳倫理学を代表する哲学者とみなされている。しかし規則に従った実践のもたらす相互利益に訴えかける帰結主義的なヒュームの正義論は、徳倫理学と調和するだろうか？

ヒュームによれば、仁愛や勇敢さのような自然的な徳に関しては、人々はそれが本人あるいは他の人々にもたらす快楽あるいは有益性にたやすく共感できるから、それが賞賛されるのは当然だが、正義は「人為的な徳」であって、すぐに自他に快楽をもたらすわけではないから、自然に賞賛を受けるものではない。しかし人々は、所有権の尊重や契約の履行といった正義の規則が全体として自分や他の人々にとって有益であり、その違反が不利益をもたらすという事情をだんだん理解してくるから、これらの規則に同意して正義の感覚（むしろ「正義の感情」と呼ぶ方が適切か）を持つようになる。そうすると正義にかなった行動は、その帰結の有用性（それはしばしば明白でない）のゆえというよりも、行為者の有徳な性質（それは多くの場合明白だとみなされる）の表れとして賞賛されることになる。

このように考えれば、規則の一般的帰結と人々の同意を重視するヒュームの正義論は、最終的には規則帰結主義と契約主義によって説明される一方で、日常的な正義感覚は徳倫理の枠組みの中で十分説明できることになる（なお次の章で見るスミスの正義論についても同じようなことが言えるかもしれない——契約主義の性格は弱くなるが）。

しかしヒュームの正義の三つの規則は本当に万人の利益になるのだろうか？　仁愛の義

務や平等主義的考慮をも取り込んだ正義の規則と比較したら、ヒュームの限定的な正義の規則は貧しい人々にとって同意できないものではないか？　これらはヒュームが取り上げなかった問題である。ヒュームは伝統的な所有権の制度をあまりにも無反省に受け入れているように見える。

第六章

正義とは非難が適切であるということと権利の保護である

――スミス

経済学者としても知られる十八世紀後半スコットランドの思想家アダム・スミスは、ヒュームの影響を受けながらそれとはまた異なる道徳理論を展開した。本章ではその中でも正義論に焦点を当てる。材料としては『道徳感情論』（初版は一七五九年。本書では最晩年に刊行された一七九〇年の第六版だけを用いる）と、厳密にはスミス自身の著作とは言えないが学生による受講ノートが残されている『法学講義』を用いる。

「共感」の意味

ヒュームはある個所で、不正を受けた人への共感や公共の利益への共感が道徳的善悪の感覚を生み出したと言ったが（『人間本性論』3.2.2）、その指摘を正義論の中でさらに発展させることとなしに終わった。これに対してスミスの道徳理論は、**共感 sympathy** という観念抜きには考えられない。以下ではこの観念を中心にスミスの正義論を検討する。

sympathy という言葉は「共感」とも「同感」とも訳すことができる。私は両者の間にほとんど相違を認めないからどちらの訳語でも構わないと思う。しかしそれは「同情」と訳すべきではない。というのは、「同情」は共感の中でも人の苦しみや悲しみに対するものだけしか意味しないからだ。この点では英語の compassion や pity と同様である。ところが sympathy は、それ以外にも人の喜びや称賛や怒りといった感情をも対象とする。

怒りはともかく、喜びに「共感」するという言い方はやや不自然に聞こえるかもしれない。実際日本語でこのありふれた態度を的確に表現するのは意外に難しい。「同慶」という言葉はあるが、これは文章語として「同慶の至り」といった限られた場合にしか使われない。また「祝福」という言葉は大仰すぎる。さらに sympathy は欲求や信念などの心理的状態への共感を含むこともある。ともかくここでは「共感」はそのような広い意味で理解されたい。この共感は外傷の苦痛のような目に見える形によってたやすく引き起こされるが、心痛のように外から観察しにくい形によっては相対的に引き起こされにくい。

次に、スミスは「共感」という言葉を少なくとも次の二つの意味で用いているということに注意したい。人は別人の立場に立ってその人が持つ感情を**想像**する――いわゆる「人の身になって考える」――ことがある。この想像の作用を「共感」と呼ぶことができる。だがその想像された他人の感情に賛同する場合もあれば賛同しない場合もあり、それどころか反発する場合さえある。たとえばわれわれは不正な利益を享受していた人がそれを失って落胆する気持ちを想像できても、その事態にむしろ喜びを感ずるかもしれない。あるいは弱い者いじめをする人の楽しさを想像できても、それを否定的に評価するだろう。

その「共感」とはまた別に、他人の感情に**賛同**することも「共感」と呼ぶことができる。その反対は「反感」だ。なおこの共感と反感は程度の問題である。たとえばある人の悲しみに基本的には賛同するが、いくら何でも度が過ぎて適切でないと思い、うっとうしく感ずることもあるだろう。賛同の意味での共感は「はいりこむ」という言葉で表現できる。

このように「共感」という言葉は、想像による他人の感情の理解を意味することもあれば、その感情に対する賛同の態度を意味することもあるのだが、この言葉やエンパシーといった言葉を使う多くの人々と同様、スミスは両者をはっきり区別しない（重要な例外は、ヒュームからの批判に答えて第二版以降加えられた、『道徳感情論』1.3.1.9への注である。私の理解によれば、スミスはそこで、他者の苦痛への感情的共感は不快なものだがそれへの評価的共感は快いと言っている。この指摘は悲劇やメロドラマを見る際の喜びをも説明できるだろう）。

しかし両者の区別は極めて重要なので、以下ではどちらか片方の意味であることを明らかにしたいときは、前者を「想像的共感」、後者を「評価的共感」と呼び、両方を含んでいる場合やどちらか片方とは言いにくい場合は単に「共感」と言うことにする。想像的共感が困難な場合には当然評価的共感も困難だが、想像的共感ができるからといってそれが評価的共感を伴うとは限らない（図を参照）。

想像的共感
→ 評価的共感（対象となる想像された感情を適切と判断し是認する態度）
→ 反感（対象となる想像された感情を不適切と判断しそれに反発する態度）

正義感覚の発生

スミスは正義感覚の発生を次のように説明する。——人は他人の悲しみや怒りといった感情に自然に想像的に共感し、それがわれわれにとって是認できるかどうかによって評価を行う。この評価は決して有用性に基づくものではなく、その対象となる感情や態度が当該の状況に照らして適切なものか否か——過剰か過少か適度か、また上品なものか下品なものか、快いものか不快感を与えるものか（たとえば喜びの感情や態度ならば、見ている方まで嬉しくなるような適切なものか、はしゃぎすぎで見苦しいものか、冷静すぎて人に違和感を与えるものか）等——によるものである。われわれは次第に経験を通じて、対象となる人の感情それ自体に同一化するのではなく、また現実の特定の人や自分自身の感ずる評価的共感あるいは反感を無批判に受け入れるのでもなく、**「不偏的観察者 impartial spectator」**（「公正な観察者」という訳もある）ならば持つであろう共感によって適切性（propriety）を判断しようとする（それどころか、スミスはもはや感覚を持っていない死者への想像的共感についてさえ書いている。ここまで来ると「共感」はその対象が持つ現実の感情とは無関係になる。以上『道徳感情論』第一部）。

観察者が現実の人ではなく想像上の不偏的観察者が持つ共感を想像してそれに近づこうとする——言い換えれば、不偏的観察者の共感に評価的に共感する——という事情は、正不正に関する判断についても言える。ただしここでは評価の対象が一人ではなく複数になるという相違がある。

つまりこういうことである——。人はたとえばある加害行為の加害者と被害者の感情に想像的に共感した結果、両者の感情に何らかの評価的共感を持つ。しかしこの観察者はさらに一歩を進めて、不偏的観察者が加害者と被害者に対して持つ評価的共感を考慮して、この評価的共感に同一化しようとするだろう。

これまで言ったことを図式化すればこうなる。

〔感情の適切性に関する判断〕

観察者の評価的共感（あるいは反感）
⇐同一化
不偏的観察者の評価的共感（あるいは反感）
↘ ↙
評価の対象となる感情を持っている人

〔行為の正不正に関する判断〕

観察者の評価的共感（あるいは反感）
⇐同一化
不偏的観察者の評価的共感（あるいは反感）
↓ ↓
加害者　被害者

たいていの場合、不偏的観察者ならば加害者の喜びや満足感は消極的に評価するが、被害者が持つ復讐感情にはある程度評価的に共感するだろう。ただし現実の被害者の中には、行き過ぎた復讐感情を持つ人もいれば、復讐感情をほとんど持たない人もいるだろうが、不偏的観察者は被害者に代わって適度の復讐感情を持つだろう（少し前に述べたように、被害者が死亡してもはや何の感情も持っていないときでさえそうである）。あるいはその加害行為が不運な事故にすぎなかったら、不偏的観察者ならば〈このくらいのことは許してやるべきだ〉と考えて、怒りに燃えている被害者よりもむしろ恐縮している加害者の方に共感するかもしれない。

そしてスミスによれば、不偏的観察者が復讐感情を持つような対象である人は処罰に値して、その処罰を行うことは正義である。スミスのこの発想は現代ならば応報刑思想と呼ばれるだろう。その反対に、適切な感謝の対象は報奨に値する。このふさわしい報奨を与えることが「善行beneficence」である。

『道徳感情論』のずっと後の個所になって、スミスは自分の「正義」と「善行」が、それぞれ伝統的なアリストテレスの正義論で言う「交換的正義」と「分配的正義」（この二分については第二章で述べた）に該当すると述べる（7.2.1.10）。この理解は正当だろう（さらに彼によると、プラトンが「正義」と呼んだ魂の中の調和は、スミスが言う「行為の適合性」と同一なのだそうだが（7.2.1.9と11）、こちらは私にはたやすく納得できない）。

このようにスミスの思想では、正義と善行という二つの主たる徳は、その対象となる人の負と正の功績（demerit/merit）にふさわしい処罰と報奨で報いることである。そこでは処罰と報奨は何らかの将来の目的のために与えられるのではない。あくまでもそれが功績にふさわしい反応であるということが理由なのだ（以上第二部第一篇と第二篇。なおスミスは、賞賛にふさわしい人だけに限らず万人に対して幸福を配慮することを、「善意 benevolence」と呼んで、二つ前の段落で述べた「善行」と区別する。彼によれば、この思いやりは神の務めであって、人間の務めではない。第六部第二篇第三章。しかし本書第八章で取り上げる功利主義者だったら、功績に報いる「善行」よりも、万人に対する「善意」を道徳の主要な要請とみなすだろう）。

スミスは後述の『法学講義』でも多くの法制度を共感の原理を使って説明した。たとえば無主物を先占した人に所有権が認められるのは、その財を奪った人よりも先占した人にわれわれが共感するからであり、契約に拘束力が認められるのは、不偏的観察者が約束の相手方の期待と依存に共感するからだ、というのである。

正義の重要性とその内容

スミスは正義と善行というこの二つの徳を比較して、〈社会にとって正義は必要不可欠だが、善行は必ずしもそうでない〉と強調する。人の恩義に報いない恩知らずは不偏的な観察者から評価的共感ではなく反感を受けるが、誰かを明白に害したわけではない。だから恩知らずは非難に値するが、彼は善行を強制されないし、処罰されることもない。しかし人に害悪を与えることは不正であり、処罰されるのが当然だと考えられる。ここから自然権という観念も生まれる。スミスによれば――

同等の人の間では、それぞれ個人は、生まれつき――つまり国家統治に先立って――不当な取り扱いから身を守るだけでなく、実行された不当な取り扱いに対する何らかの処罰を求める権利を持つとみなされる。（2.2.1.7）

自然権の中には自分の身を守る権利だけでなく、その違反に対する処罰を求める権利も含まれる。その処罰は被害者の怒りが、したがって観察者の怒りが、大きくなればなるほど重くなる。被害者の怒りは受けた害悪が重大であるほど大きくなるから、刑罰の重さは殺人＞財産犯＞債権侵害という順になる（以上『道徳感情論』第二部第二篇）。

スミスは、〈不正を抑止し処罰するための「正義の法」が諸国の民事法と刑事法を構成するが、その基礎の研究である「自然法学 natural jurisprudence」はあらゆる学問の中でおそらく最も重要であるにもかかわらず今日までほとんど研究されてこなかった〉と書いている（同上第六部第二篇序論）。

スミスの『法学講義』

スミスは『道徳感情論』の中でこのように重要だと言って簡単に言及するだけだった「自然法学」について、エディンバラ大学とグラスゴー大学で何度か講義を行ったが、その内容を著作としては残さなかった。しかしグラスゴーの講義の受講生がとった別々の二つの講義ノートがスミスの死後発見された。両者とも『法学講義』として邦訳されているが、私の見るところ、日本でも外国でもまだ十分に研究されていない。

スミスはいずれの『法学講義』でも制度史的・経済的・心理学的考察を交えながら彼の「自然法学」を詳論しているが、詳細には立ち入れないから、その体系の枠組みだけを紹介しよう。

政府の任務は司法 Justice と生活行政 Police と公的収入の確保と国防という四つの作用に限られるというのが、『国富論』第五篇からもわかるスミスの持論だが、彼は二つの『法学講義』の最初の部分でも、統治の第一の目的は司法、すなわち人々の権利の保護であると言う。そしてこれらの権利には、第一に人が人間として持つ権利、第二に家族の一員（家族の中には召使いも含まれる）として持つ権利、第三に国家の一員として持つ権利がある。このうち第二の権利は「家族法的権利」、第三の権利は「公法的権利」と言えるだろうが、ここではそれらについてのスミスの議論は割愛して、第一の権利だけに集中しよう。

第一の権利――人が人間として持つ権利――は、身体と自由への権利と、評判への権利と、財産への権利に三分される。この財産権はさらに対物権と対人権――両者は今日の法学でいう物権と債権に大体対応する――に二分される。なお刑法は不法行為に対する制度として対人権の中で論じられる。このような分類は当時伝統的に法学で行われていたもので、スミスはそれを利用したのである。

ヒュームが財産権だけを自然法、ひいては正義の対象としたのに対して、スミスは身体と自由と評判への権利を自然権と呼び、財産権（そして家族法的権利も公法的権利も）を、自然権に対して取得権 acquired rights と呼んだ。ヒュームは〈自由や評判は他人が奪えないものだから保護の対象とならない〉と考えたが、この議論が妥当でないことは前章ですでに指摘した。スミスは自然権については、「その起源は非常に明白である。人がその身体を侵害されないようにしておくこと、その自由を正当な理由なしに侵犯されないようにしておくことについて、権利を持つことは誰も疑いを持たない」（『法学講義B』第一部序論末尾）と言っているだけで、それ以上の正当化が必要だとは考えない。この点では、スミスはロックと同じように自然権的義務論者だ。

この自然権と対照的に、スミスは財産権を取得権と呼ぶわけだが、その理由は、財産権の内容がその歴史的な環境と社会によって異なるからである。たとえば狩猟採集社会では現実に占有できる財だけが所有権の対象になるが、牧畜社会では家畜もそうなり、さらに農業社会では土地も所有されるようになる。最後に現代の商業社会になると、約束から生まれるさまざまの契約義務も認められるようになった。同じような歴史的変化が家族法や公法の領域にも見られる。

スミスはこれらの権利が多くの場合不偏的観察者から多かれ少なかれ共感を得るだろうと想定しているが、その一方で、歴史的な偶然や統治者の私利私欲も権利の形成において役割を果たしたと認める。そういうわけだから、スミスは取得権の中には正当なものもあれば、やや疑わしいものもあり、奴隷に対する主人の権利（家族法の部分の最後）や、限嗣《げんし》相続（被相続人を直系卑属にのみ限定すること。『法学講義A』第一巻末尾）のように、明らかに有害で不合理なものもあると考えていた。

結局スミスによる「自然権」と「取得権」の区別はこういうことになる。――不偏的観察者がどんな時でも共感するのが自然権であり、具体的な文脈の下で共感するのが正義にかなった取得権である。ただし不偏的観察者はあらゆる取得権に共感するわけではない。不偏的観察者が評価的に共感する程度が強ければ強いほど、その権利の保護は重要である。

スミスはまた『国富論』で貿易への制限の撤廃を「完全なる自由および正義の自然的秩序の実現」（第四編第七章。中公文庫初版Ⅱ三七一頁）と呼んだ自由貿易論者だから、彼にとって経済的自由は自然な正義の秩序の一部をなすものである。

不偏的観察者とはどんな人か？

スミスの道徳理論の中で「不偏的観察者」という観念が重要な役割を果たしているということはすでに述べた。実際彼は、徳は道徳的適切性にあるとする、プラトン、アリストテレス、ストア派から十八世紀のイングランド哲学者に至る道徳哲学の諸体系を検討してから、

このような体系のどれ一つとして、心的傾向の適切さや適合性を確認し、判断できるほど、正確で明瞭な尺度を与えていないか、与えたふりさえしていない。正確ではっきりと認識できる尺度は、事情に通じた不偏的観察者の共感的感覚以外のところで

見つけられるはずがないのである。

（『道徳感情論』7.2.1.49）

と総括して、それらの体系にまさる不偏的観察者理論の優秀さを誇っている。

すると読者は当然「不偏的観察者」とはどのような人なのかについて、「正確ではっきりと認識できる尺度」が欲しくなる。――不偏的観察者はそもそもいかなる道徳感覚を持っていて、いかなる感情に共感あるいは反感を持つのか？　どんな時代のどんな社会でも、正確な情報を持っていれば不偏的観察者の「適切性」判断は同一なのか？　またある特定の社会の中に限っても、不偏的観察者の判断は一つに絞られるのか？　それともその判断には幅がありうるのか？　その判断は対象となる人の性格特徴や信念をどのくらい考慮に入れるのか？　残念ながらスミスは不偏的観察者がどのような人なのかはわざわざ説明するまでもないと考えていたのか、これらの疑問に明瞭に答えている個所はないようだ。

しかし正義と善行に関するスミスの議論から少なくとも明らかなのは、不偏的観察者は〈その対象となる人の正と負の功績を無視する〉という意味で中立的であるわけでは決して**ない**、ということだ。不偏的観察者はあらゆる人に想像的に共感するかもしれないが、評価的には共感しなくて、適切な感情にだけ賛同し、不適切な感情にはついていかない。不偏的観察者は万人の判断を一視同仁に等しく尊重したりせず、適切性と功績に応じた共感と反感を示すのである。

それどころか、不偏的観察者は、いや通常の観察者さえも、行動の適切性や正不正の判断において、**その対象である行為者が現実にどんな人であったか**よりも、むしろ**行動の状況がどうであったか**を重視する。スミスは言っている。

> 共感は、激情の観察からよりも、状況の観察から呼びおこされる方がずっと大きくなる。〔……たとえば〕われわれは、当人が自分自身の行為が不適切だという感覚を持たないように見える場合でも、その人の厚かましさや下品さに赤面する。(1.1.1.10)

別の言い方をすれば、評価的共感の基準は、対象となる個人の感じ方に依存する主観的なものであるよりも、それをとりまく客観的状況に依存する。不偏的観察者の評価判断において個人的な特性は捨象されがちなのである(しかしどこまで?)。

不偏的観察者はまた、単に〈自分の利害を他人の利害以上に重視せず、判断に私利私欲を交えない〉というだけでなく、貧富や貴賤や人種・民族による偏見を持たず、豊かな経験を備えている見識ある人でもあるのだろう。だがそのような人の判断も常に一致するだろうか？　スミスの不偏的観察者は、個々人によって異なる正と負の功績を重視するのだから、あらゆる人の幸福を平等に評価して「最大多数の最大幸福」を道徳の判断基準とする功利主義者にはならないだろう。だがそれでもたとえばアリストテレスのような徳倫理学者と、ロックのような自然権論者と、カントのような義務論者がそれぞれ不偏的に観察したら、かなり異なった判断がなされることになりそうだ。

またスミスは次に述べるように、誰にせよ自分自身やその隣人たちが行う評価的共感の経験・観察を通じて不偏的観察者の判断に近づくと考えていたようだから、不偏的観察者がどんな人であるかは社会の慣習によってある程度違ってくると考えられる。その判断は時間と場所を超えて同一のものになるわけではないだろう。

道徳感情は社交の中で生まれる

スミスの道徳感情は極めて社会的なものだ。もっと正確に言えば、それは何よりも社交の中で形成されるものである。『道徳感情論』の副題は「人間がまず隣人の、次に自分自身の行為や特徴を、自然に判断する際の原動力を分析するための論考」である。この副題が示唆するように、スミスによれば賞賛や非難といった道徳的判断は、**まず**近い他者を対象にしてなされ、**次に**自分自身に及ぶのであって、決して自省とか罪悪感とか自尊心といった自己評価から始まるのではない。また自分自身に関する判断においても、隣人が自分について行う判断が先に来て、それが自省判断に大きな影響を及ぼすのである（第三部第一−二章）。スミスは言っている。

容姿の美醜に対するわれわれの最初の概念は、他人の姿と外見から引き出されたものであって、われわれ自身のそれからではない。しかしまもなくわれわれは、他人がわれわれに対して同じ批評をしていることに気づく。［……］われわれは可能な限り一定の距離を置き、他人の目でわれわれ自身を眺めようと努力する。［……］同様にして、われわれの最初の道徳的批評は、他人の特徴や行為についてなされる。［……］だがやがてわれわれは、自分自身のそれについて、他の人々が同様に率直であることを知る。［……］この理由からわれわれは自分自身の激情と行為を吟味し、もし彼らの境遇にあったら、彼らがわれわれにどのように見えるかを考えて、われわれ自身の感情と行為が、彼らにどのように見えるはずであるかを考え始める。（3.1.4−5）

ここで「不偏的観察者」という観念も加えると、おそらくスミスの考えでは、道徳的判断は次のような段階を経て進歩していくのだろう。

隣人に関する自分の判断　→　隣人に関する不偏的観察者の判断

↓

自分自身に関する隣人の判断

↓

自分自身に関する不偏的観察者の判断

スミスは『道徳感情論』の最後の部分にあたる第七部第四篇「道徳性に関する実践的規則をさまざまな著者が取り扱った方法について」の中でこう書いている。

信頼されたいという欲求、他の人々を説得し、指導したり、指揮したりしたいという欲求は、われわれが生来持つすべての欲求のうちで、最も強いものの一つだと思われる。

親しい交わりや、社交がもたらす大きな喜びは、一定の感情や意見の一致から、つまり、多数の楽器が互いに一致して調子を合わせるように、一定の心のハーモニーから生まれるのである。この最も喜ばしい調和は、感情と意見の自由なコミュニケーションなしに確保できることではない。そういう理由から、われわれはすべて、どのよ

うに心が動かされているかを互いに感じ、実際そこにある感情や、心的傾向を観察したいと願うのである。（7.4.25と28）

プラトンは『国家』で、**魂の中**に調和がある人が正しい人だと言ったが、スミスの人間は**社交の中**で「最も喜ばしい調和」を求める。スミスの道徳哲学が想定する人間像は、自律的な強い個人でもなければ、自らの内面を見つめる孤独な思索家でもなければ、自足した賢者でもなければ、共同の目的を達成しようとする組織人でもなくて、他の人々、特に自分に近しい人々が、お互いに何を考え何を言うかを大切にして和合を求める円満な社交人である――ただし進歩すると、現実の人々の判断よりもそこから抽象された理念上の「不偏的な観察者」の判断に自分の判断を近づけようとするのだが。

私など、他人の立場に立ってその感情をきめ細かく想像するなどということは言うは易く行うは難しだと思うが（後期ヘンリー・ジェイムズの長編小説を読んでいるときは特にそう感ずる）、スミスは誰もが程度の差はあれ、それを日常的に行っているように考えている。当時のヨーロッパの文明化された社会の人々は現代人よりもずっと仲間たちの目を重視していたのかもしれない。

共感は道徳の全領域で必要か？　また十分か？

今私が書いたことは、〈あらゆる道徳感情（感覚や判断も含む）を共感作用によって説明しようとするスミスの理論は道徳心理の記述理論として妥当か？〉という問いに対するいくらか懐疑的な反応として解釈することができる。さらに〈スミスの道徳理論は規範的理論としても妥当か？〉という問題もある。私は『道徳感情論』を読んでいると「スミスさん、あなたは人がどう思っているかをそこまで気にする必要はないでしょう」としばしば言いたくなるのだが、これは規範的な問題として理解できる。

スミスは『道徳感情論』の中で記述的な道徳心理学と規範的な道徳理論とを明確に区別していない。確かに表面上はこの本の大部分は記述的な観察と分析として書かれている。しかし実際にはスミスは不偏的観察者の判断を誰もが尊重すべき規範とみなしているようだ。また彼は奴隷制や離婚の自由を批判するときなど、時々自分自身でもはっきりと規範的判断を行っている。

私はスミスの共感理論も不偏的観察者理論のいずれも、規範的理論として重要な貢献をしているが、それだけでは不十分すぎると考える。その理由は次の通りだ。

第一に、共感は確かに自分以外の人々に対する配慮を生み出すという有益な機能を果たしうるが、必ずしも道徳的思考にとって不可欠ではない。人は他人の苦痛を想像的に共感しなくても、あるいはできなくても、〈苦痛というものは本質的に望ましくない状態だからなるべく減少させるべきである〉と考えて、苦痛の減少を提唱することができる。たとえば第八章で取り上げる功利主義の創始者ジェレミー・ベンサムは、その言動から、人の気持ちがわからない共感能力を欠いた人だったと言われているが、万人の幸福の最大化を目的とする功利主義理論を提唱したし、人間だけでなく感覚を持つ動物一般の福利への配慮を説いた先駆者でもある。また共感能力に欠ける人でも正しい行動ができるのとちょうど逆に、意地悪な人ならば、想像としての共感の能力は十分に持っていても、かえってそれだからこそ、他人をいやがらせ苦しめることを喜びとするかもしれない。

次に、行動の影響が特定の人物ではなく多くの人々や長期に薄く広く行きわたるとき、その行動の評価をする際に人々の共感がかきたてられる程度は少ないが、こういった行動も、全体的な影響が十分大きい場合にはそれに見合った道徳的評価を受けるべきだろう。

ヒュームは、当事者に直接利益を与える自然的な徳と規則の順守によって間接的に利益を与える人為的な徳とを区別したが、それといくらか似て、スミスも共感による正当化とはまた別に、公益の必要による正当化を認めていた（ただしヒュームが「正義」を人為的な徳と考えたのに対し、スミスはそれを非難感情の共感によって生じた自然なものだと考えたという違いはある）。

たとえばスミスは刑罰の目的は第一に加害者に対する復讐感情の満足、第二に公益への考慮、第三に被害者への損害賠償だと言っている（アダム・スミス『法学講義』（A）水田洋ほか訳、名古屋大学出版会、一〇七―八頁。損害賠償は今なら刑罰ではなくて民法上の権利だが、すでに述べたようにスミスは刑法を私法の中に含めている）。このうち第一の復讐感情の満足と第三の被害者への損害賠償は共感理論で説明できるが、二番目の公益への配慮はそうでない。

スミスは居眠りした歩哨が処刑されるという例を挙げて、人々は歩哨の居眠りから被害を受けないのでこのような歩哨への処罰感情を持たないだろうが、それでもこの過酷な処罰は公益のために正当であるとみなしている（『道徳感情論』2.2.3.11;『法学講義』（B）水田洋訳、岩波文庫、二三三―四頁）。犯罪を「個人的法益に対する犯罪」と「社会的法益に対する犯罪」と「国家的法益に対する犯罪」に三分するのが日本の刑法学の常だが、おそらく個人としての被害者が特定できない後二者の犯罪に対する人々の復讐感情は強くないだろうから（しかし人々が公憤にかられることもあるだろうが）、スミスならこれも同じように公益への考慮によって正当化するだろう。また現実に被害が発生しない未遂の犯罪の場合も、相対的に復讐感情は発生しにくいから、それについても同じことが言えるかもしれない。ただしスミスは公益という考慮を個人の権利の保護である「正義」とは区別していた。

共感理論が規範的道徳理論として不十分であるまた別の理由。共感は、特に観察者が実感できる狭い範囲にとどまって、不偏的観察者の共感にまで至らない場合、身びいき・縁故主義という意味で不公正なものになってしまう傾向がある。実際思いやりやケアを強調する論者の多くは、想像による共感が難しい遠く離れた人々を対象とする抽象的な博愛よりも、本人に近い家族や友人知人や同胞への人格的配慮を称揚する傾向が強い。功利主義が批判されてきたのも、その不偏的な博愛精神が家族愛や友情や愛国心を強調する常識的道徳に反するからだった。

しかしこのような身びいきは、〈他の人々に配慮するとき、見知らぬ人々よりも自分に近い人々に対する方が、彼らの事情をよく理解しているし、近くに存在するので容易に配慮ができる〉という実際的な理由では擁護できても、普遍主義的な道徳としては擁護できない。空間的・時間的な距離は道徳上重要でないのである。

私の結論は、共感は道徳の推論や実践において確かに重要な役割を果たすが、常に不可欠なわけではないというものだ。

スミスの正義論の全般的特徴

スミスの正義観念は、人が持つ権利の保護と密接に結びついた法的なものだが、その一方、コード化しにくく状況に依存するところが大きい行動の適切性の判断でもあるので、義務論と同時に徳の倫理学という性質も持っている。しかしそれはヒュームの道徳理論ほど人物の性格を重視するものではなく、むしろ個々の行動に着目している。このようにして、スミスが正義判断の対象とするのは主として行為だが、法制度も評価の対象となる。その基準になるのは不偏的観察者の判断と公益だが、その内容は明瞭な形で述べられることがほとんどない。

そしてこの点に限らず、スミスの道徳理論の全般的特色は、どこまでが道徳心理の記述と分析なのか、それとも規範的な道徳理論なのかが不明瞭だということだ。おそらくこのことが、スミスの『道徳感情論』がユニークで興味深い内容にもかかわらず多くの倫理学者に軽視されがちだという事情の一因になっているのだろう。

次章ではスミスの同時代人だったイマヌエル・カントに移ろう。カントは日本の倫理学界で最も盛んに研究されている哲学者である。

第七章　正義とは「定言命法」に従うことである

——カント

カントの「正義」の用法――『人倫の形而上学　法論』における

本章ではカントが明示的に「正義 Gerechtigkeit」について述べたこと以上に、彼が道徳的義務について述べたことに重点を置く。その理由は次の通りだ。

倫理学の分野におけるカントの主要著作は、彼の哲学活動の中心となるいわゆる「批判期」に属する『道徳［人倫］形而上学の基礎づけ』（一七八五年、以下単に『基礎づけ』と呼ぶ）と『実践理性批判』（一七八八年）、そして最晩年に属する『人倫の形而上学　法論・徳論』（一七九七年）の三冊だが、その中で彼がはっきりと「正義」に触れているのは『人倫の形而上学　法論』の中にすぎず、またそこでの言及も具体的内容に立ち入らないものにとどまるからだ。

カントは『法論』の§41で、正義を「保護的正義 iustitia tutatrix」と「交換的正義 iustitia commutativa」と「分配的正義 iustitia distributiva」に三分する（なお§36では後の二つだけに触れている）。この三分についてのカント自身の記述は簡潔すぎて理解困難だが、彼のそれ以前の著作や彼が利用した法学教科書の記述を十二分に考慮したある研究書（B. Sharon Byrd and Joachim Hruschka, *Kant's Doctrine of Right: A Commentary*, Cambridge University Press, 2010. 特に第一―二章）によると、カントの考えは次のように理解できる。

——カントの言う「交換的正義」と「分配的正義」は、名前こそ同じでもアリストテレス＝スコラ学的な観念ではなく、いくらか内容の相違はあるが、ホッブズの用語法（本書第三章八六頁参照）にならった観念である。また「保護的正義」はその二つだけでは足りないと考えてカントが付け加えたものである。「保護的正義」は、抽象的な立法によって、何が正しいかを形式的に定める。「交換的正義」は、ホッブズの場合のように交換や契約だけでなく所有権取得なども含む結果として、個々人の法的権利が何であるかを語る。「分配的正義」は、裁判所が個別的な場合に下す決定である。この三種類の正義は、ホッブズも含めて伝統的に考えられてきたような、人の行為や性格に関する観念ではなく、公的制度に関するものである。すなわち、保護的正義は公的立法に、交換的正義は公的市場（「取り締まり当局の条令により秩序づけられた公的な市場」§39）に、分配的正義は公的裁定にそれぞれ対応する。カントはこの三つの正義を、可能性、現実、必然という三つの様相に割り当てた。保護的正義は人がいかなる権利を**持ちうる**かを定め、交換的正義はその可能的権利を**現実化**し、分配的正義はその現実的権利を**確定的**なものにする、というのがその理由である——。

私はカントが本当にこう考えていたとしたらもっと明確に書いてほしかったと望みたくなるが、ともかくこの解釈にはかなりの説得力を感ずる。そうだとすると、カント自身の用語法における「正義」は、これまで見てきた正義論（ホッブズのものを除く）と違って、国家的（カントの用語法では「公的」）なものに限られる。それは道徳と違って、強制される法と結びついた用語である。

カントによれば、国家以前の自然状態における権利や正しさは暫定的なものにすぎず、法律による決定と国家権力による保証がなされて初めて効果を持ちうる（『法論』§44）。またカントの考える正義は個人の行為や性格（「徳」）のレベルではなく、公的制度のレベルの問題だということにも注意したい。ただしその「公的正義」は私的所有権の確保が規準になっているので、最後の章で取り上げるロールズの「政治的正義」が初めから社会全体の理想的なあり方をめざしているのとは関心の持ち方が異なる。

カントは批判期の二冊では道徳だけに叙述をしぼり、『人倫の形而上学』になって初めて法について論じたが、「正義」という言葉はその本でこのような形でようやく正式に登場したわけである。なお用語法について付言すると、カントは批判期にはSitteとMoralitätをともに「道徳」の意味で用いたが、『人倫の形而上学』ではEthikを「道徳」の意味で、Rechtを「法」の意味で、そしてSitteを道徳と法の両方を含む義務の領域全体（これを「人倫」と訳すことができよう）の意味で用いたようだ。

道徳的な正義と法的な正義

このようにカントは批判期の二冊では特に「正義」という言葉を用いなかったのだが、彼がそこで道徳的義務や道徳的な価値(善)、特に自分自身への義務ではない他の人々に対する義務について述べていることは、本書の序章で述べた意味での正義の概念にかなりあてはまるように思われる。なぜならそのような義務は対他的なものであり、また法的に強制することが許されないとしても、やはり人として従うべき重大な義務ではあるので優越的規範性を有しているからだ。

つまりカントがそのような場合に「道徳的価値がある/ない」と言っているとき、それは日常的な意味で「(道徳的に)正しい/不正だ」と言っているのと大差ない。そう考えるならば〈カントは批判期では道徳的な正義だけを論じたが、晩年には法的な正義も論じた〉と表現できる。

そこで本章の前半では『基礎づけ』の道徳的義務に関する議論を検討し、後半では道徳的義務と法的義務の相違に関する『人倫の形而上学』の議論に触れる。なお『実践理性批判』には主題としては触れないが、それはこの本が私にとって難解すぎるうえ、道徳的義務というトピックについて『基礎づけ』と衝突するようなことを述べていないと思われるからだ。

「善意志」だけが内在的価値を持つ

カントは『基礎づけ』の最初の部分で、道徳的義務に従おうとする理性的な「**善意志 guter Wille**」だけが無制限な善である（＝価値を持つ）と主張する。カントによれば、幸福や健康だけでなく、知性や判断力や勇気や根気などの性質さえ、「善い」ものではあっても無制限に善いのではない。

これはカント道徳哲学の最も基礎的な主張であるとともに、論争的な主張でもある。カントはそれが広く認められている思想であるかのように書いているが、そんなことはない。カントのこの主張の理由は、幸福を典型とする他の価値は善意志がなければ有害なものになりうるし――たとえば幸福な人は傲慢になりやすい――、その内容も曖昧だというものである。善意志にはそれだけで内在的価値があるが、他の価値にはすべて手段的価値しかないという。

私はこれらの主張のすべてに納得できない。

第一に、幸福は時と場合によっては有害になるかもしれないが、それは善意志についても同様だ。人が自分の道徳的義務だと信じて行った行為が、不運のために、あるいは無知や不注意や誤った信念や偏見のために、有害であるということはしばしばある。自らの良心に従ったロベスピエールは、フランス革命に消すことができない汚点をもたらした恐怖政治の立て役者だった。——この主張に対しては、ロベスピエールは自分の信念を独善的に信じていただけだから真の善意志を持っていなかったと言われるかもしれないが、そのような知性面における欠陥は善意志の存在と矛盾しないだろう。

第二に、幸福の内容が不確かだと言うなら、善意志の内容も同じように不確かだ。この後で示すように、カントの定言命法は多様な解釈を容れるし、それらの解釈によっては欠陥を抱えてもいる。カントは具体的な道徳問題においては一般人も正しい判断を下すと考えているが、これは楽観的すぎる見解だ。

第三に、たとえ善意志が単なる手段ではなく内在的な価値だとしても、幸福も同じように内在的な価値だし、それ以外にも内在的な価値は考えられる。カント自身、後の『人倫の形而上学　徳論』第一篇第二部では他人の幸福も道徳的目的に含めていた。こちらの見解の方がずっと説得的だ。それでもカントは『徳論』の序論ＶＢでは、〈他人の幸福は義務である目的だが、自分自身の幸福は目的である道徳性のための手段にすぎない〉と言っている。すると人は他人の幸福をその他人の道徳性のための手段として用いてはならないらしい。しかし〈他人の幸福は目的だが自分の幸福は手段でしかない〉という、ちょうど利己主義を裏返したような主張にどんな根拠があるのだろうか？　同じ幸福が他人のものか自分のものかによって道徳的目的になったり手段になったりするという相違の理由としては、〈人はおのずから自分の幸福を求める傾向があるから、その追求を義務とする必要はない〉と言われるかもしれない。だがそれだけなら〈幸福は内在的価値を持たない〉という主張の論拠にはならない。

またカントは、幸福に価値があるのは道徳性に応じた〈値する幸福〉である場合に限られ、〈値しない幸福〉にはいかなる価値もない、いやそれどころか負の価値しかない、とも言うだろう。たとえば彼は、悪人が苦しむことは善であって、他の人は誰でもそれを喜ぶし、その悪人本人も理性においてはその判断を認めるに違いないと書いている（『実践理性批判1』第一部第一編第二章、中山元訳、一七五―六頁）。

カントの発想では、幸福はそれ自体では善でも悪でもないらしい。これほど幸福の内在的価値を素直に認めないことはカント倫理学の重大な欠陥だ。道徳理論の中でも幸福は善であり不幸や苦しみは悪であるとどうして考えないのだろうか？　次の章で見る功利主義が幸福の最大化、別の言い方をすれば不幸の最小化を最高の原理としたことは、他の価値を無視しているために狭すぎるとはいえ、カントの道徳思想よりもはるかに説得力がある。

最後に、幸福に限らず、行為の道徳的価値が動機の道徳性だけによって決定され、行為の現実の結果にも予想される結果にも依存しないというのは、何より納得しがたい主張だ。

われわれは世界をなるべく住みやすい場所にする理由を持っているのではないか？　善き意志に道徳的価値があるという主張は多くの人々の道徳的直観をとらえているが、それにしか内在的価値はないというのは無理な主張だ。

カントの二元論的発想

カントの道徳哲学の思考法の顕著な特徴は、多くの概念の対を考えて、それらの対を密接に結びつける、「何でも二元論」とでも呼べる二項対立で考える傾向だ。そこには次のような対がある。ほとんどの場合、前者が優れており後者が劣っている。

理性　⇕感性（感情・傾向性・欲求などという言葉も大体同義）
善意志　⇕選択意志・恣意
自律　⇕他律
本体的　⇕現象的
定言命法⇕仮言命法
必然的　⇕偶有的
義務　⇕幸福

純粋 ⟷ 経験的
目的 ⟷ 手段
実質 ⟷ 形式
道徳性 ⟷ 適法性
内的自由 ⟷ 外的自由

たとえば、本体的な人間は理性的な善意志によって、必然的な定言命法（無条件の行動原理。後でもっと詳しく説明する）に従うので自律的だが、現象的な人間は感性的な恣意によって、偶有的な仮言命法（「もし君が……を望むならばそうせよ」というタイプの条件つきの行動原理）に従う――というよりむしろ、動かされるにすぎない――ので他律的である、という具合だ。カントの発想では、純粋な人格を形成しているのは理性、もっと正確に言えば理性を持ちうるという能力であって、感性はその外部にあるということになる（ただし晩年の『法論』では人は理性と感性を持つ存在として考えられる）。

現代の人権論者の中には、カントの道徳哲学の中から「人間の尊厳」という観念を導き出そうとする人が多いが、そのためには現実の人々が持っていることもあれば持っていないこともある理性や善意志ではなしに、それを持ちうるという抽象的な潜在能力に「尊厳」

の根拠を求めるのが一番自然だ。この尊厳は道徳的価値を有する善意志と同じものではなく、善意志を持つための必要条件である。そのように考えれば、どんな極悪人でも尊厳を持っている一方で、理性能力を持たない動物はいくら激しい快苦や感情を感じても尊厳を持たないということになる。

親切や名誉心から出た行為には道徳的価値がない？

元に戻ると、カントによると無条件に価値ある行為は、義務に従わねばならないという善意志から生ずる行為だけで、この善意志なしに欲求や利益から出た行為は、外面的には義務に反していないから適法的ではあっても、道徳的には無価値である。だから義務感を持っていない人が一見してどんな立派な行動をしても、それは（道徳的に）善い行為ではありえない。

カントの発想は常識に反する帰結を生む。

たとえば誰かが川で溺れそうになっている子どもを自らの身を挺して助けたとしてみよう。カントによれば、救助者が義務の念から子どもを助けたとき、そしてそのときに限って（他の動機が存在しても構わないが）、その行為には価値があることになる。ところがたとえば救助者の動機が人々からの賞賛や褒賞だけだったら、その行為は善いものではありえない。むしろ後で紹介する定言命法の「目的自体としての人格の定式」によると、その救助者は自分の名誉欲や金銭欲を実現するために救助活動を行ったのだから、その子どもを目的ではなくて単なる私利私欲の手段として利用したにすぎないことになり、この行為は道徳的義務に反すると評価されてしまいそうだ。

　また救助者の動機が名誉欲や金銭欲でなく、その子どもに対する愛情ややむにやまれぬ惻隠の情であっても、それらの感情は感性的な動機にすぎないから、義務の観念によらない限り道徳的には評価されない。ところが反対に救助者がその子どもに何ら好感を持っておらず、川に飛び込んで自分の服を濡らすことを嫌っていても、それらの感情を克服して義務が理由で助けたとしたら、それは善い行為だということになる。

　カントは『実践理性批判』の中で、傾向性はその善悪にかかわらず「盲目的で奴隷的なもの」だから理性はそれを無視しなければならず、「同情や優しい思いやりなどの感情は、それが義務とは何かについての熟慮に先立って行為を規定する根拠となるならば、善を志す人にとっては面倒なものとなる」から、そのような道徳的な人は傾向性を免れようとする、と言う（第一部第二編第二章二）。

　さらに『判断力批判』（一七九〇年）で言うところでは、道徳的善は美よりも崇高性に、また愛情よりも**尊敬**に結びつくもので、人は**自発的にではなく、理性が感性に加える強制**

力を通じてしか善に達することができない。道徳法則の力は、感性に反する犠牲を捧げることによって初めて知られるのである（「第一部第一編第二章の美的反省的判断の叙述への総注」）。

つまりカントは、外形上正しい行為を義務の念など感じず気軽に行う人（そう、あなたがそうかもしれません）に対して、〈君は幸せだね。君は自分が正しいことをしていると思いこんで満足しているが、それは大間違いだ。君の行動は感性に支配されたものにすぎず、義務に従わねばならないという善意志によるものではないから、道徳的に無価値である。良心に照らして反省しなさい〉と諭したいのだ。

第二章で見たアリストテレスによる人々の分類を使って言えば、アリストテレスの言う「善き人」が「同情や優しい思いやりなどの感情」から、「義務とは何かの熟慮に先立って」自発的に子どもを助けるとしたら、その行動は善意志によるものではないから道徳的でないが、「意志の強い人」が嫌悪感を克服して義務を果たすのは善いことなのである。私はアリストテレスだけでなく大部分の人々も「意志の強い人」よりも「善き人」を高く評価するだろうと思うし、孔子は「七十にして心の欲するところに従いて矩を踰えず」と言ったが、カントはこの常識的判断に正面から逆らう。カントだったら「善き人」や七十歳以降の孔子を道徳的に高く評価せず、むしろ道徳律の尊厳を実感しない浅薄で他律的な人間だと考えるだろう。

いやそれどころか、カントは「意志の**弱い**人」も「善き人」以上に道徳的だとさえ言うことがあるかもしれない。なぜなら今述べたように、「善き人」が熟慮せずに子どもを助けてもそこには善意志の発現は認められないが、生まれつきの性質（その中には傾向性も含まれるはずだ）に恵まれていなかったために「意志の弱い人」がその意図を実現できなかった――つまり正しい行為を行わなかった――としても、彼の善意志は「ひとり燦然と輝く」らしいからだ（『基礎づけ』第一章冒頭）。

定言命法の定式

ではカント的な実践理性を持つ人は、自分がどのように行動すべきだと考えるのか？『基礎づけ』の第二章でカントは有名な「定言命法」を提唱する。自らの従うべき行動の原理という意味の「格率 Maxime」にはさまざまのものがあるが、実践理性の命ずる原理は「あれを欲するならこうせよ」といった仮言的（条件的）命法ではなく、単純・無条件に「こうせよ」と命ずる定言命法であるという。

カントは定言命法をいくつかの仕方で表現したが、それらは通常三つの定式に分類されている。この分類はテクスト上の裏付けが得られるから私はそれに従う。その三つの定式は次の通りだ。

①**普遍的法則の定式**――「君の格率が同時に普遍的法則となることを欲することができるような格率だけに従って行動せよ」（後の『実践理性批判』第一部第一編第一章第七節でもこれを「純粋実践理性の根本法則」としている）

②**目的自体としての人格という定式**――「人格のうちに存在する人間性を、いつでも目的として取り扱わなければならず、決して単なる手段としてのみ取り扱ってはならない」

③**自律の定式**――「君の採用する格率が同時にすべての理性的存在者の普遍的法則となるように行動せよ」

カント自身はそれらがすべて同一の内容に帰すると書いているが、この発言をうのみにすることはできない。①普遍的法則の定式と③自律の定式は、③の「すべての理性的存在者」（これは目的自体としての「人格」と同じものなのだろう）という表現の有無を別にするとそっくりだから、以下ではあえて両者の相違を考えずに一緒にして扱うが、②目的自体としての人格という定式はそれらとは一見して違うからだ。

カントは〈目的自体としての人格〉という観念が普遍的法則の定式からどのようにか出てくると考えていたのかもしれないが、そんなことはない。目的自体としての人格の定式は〈いかなる行動をとるべきか〉という**格率の内容**に触れているが、普遍的法則と自律という他の二つの定式は〈普遍性〉という**格率の形式**にかかわる。その結果、前者の人格の定式は、自然な解釈によれば功利主義の最大幸福原理と両立しがたいが、後二者の定式は、カントの考えがどうだったのであれ、たとえば功利主義とも徳の倫理とも矛盾しない。カント自身が提唱している定言命法は、これら三つの定式が総合されたものだと解するのが適切だ。

おそらくカントの発想では、目的自体としての人格という定式は、〈善意志だけが道徳的価値を持つ〉という前述の彼の基本的主張から出てくるのだろう。なぜなら人間だけが、そしてあらゆる人間が、善意志を持つ能力を有しているとしたら、この人間性は目的自体であって単なる手段として用いてはならないという命令も自然に思われるからだ。

実例としての四種類の義務

カントは定言命法を説明するにあたって、そこから引き出せる義務の例として、自殺してはならないという義務、嘘をついてはならないという義務、自己の才能を開花させねばならないという義務、困っている他人を助けねばならないという義務をあげる。私にはこれらの「義務」がカントの考えるほど絶対的なものとは思えないが、カントは自分の読者がそれを当然のことと認めると想定して、定言命法がこれらの義務を説明すると示そうとする。たとえば自殺する人は自分の人格を、嘘をつく人は他人の人格を、それぞれ手段としてのみ利用しているから、自殺や嘘は目的自体としての人格という定式によって禁止されるというのだ。またカントは、嘘をついてもよいとか、困っている人を助けなくてもよいといった定式は普遍的法則となることを欲することができないから、普遍的法則の定式によって禁止されるとも言う。

この「欲することができない」という不可能性をいかなる意味で理解すべきかについては研究者の中で多くの議論がなされているが、一番わかりやすく説得力もあるのは、〈その格率が万人の普遍的法則となると、その格率を欲する人自身の目的が達成されなくなってしまう〉という意味だろう。〈困っている人を助けなくてもよい〉という格率がもし普遍化されたら、自分が困ったときに誰からも助けてもらえないので、自分の目的を達成できない、というわけだ。

カントはすでに『基礎づけ』第一章において、道徳的義務を①内容が明確な完全義務と②内容が明確でない不完全義務、（1）自己への義務と（2）他人への義務という二つの基準によって分類していた。二つ前の段落であげた四つの義務は、順にそれぞれ①（1）、①(2)、②(1)、②(2）にあたる。

「完全義務・不完全義務」という言葉は、〈強制可能な義務・強制不可能な義務〉という意味で用いられることもあるが、ここではそういう意味ではないはずだ。なぜならカントの用語法では強制可能な義務は法的義務であり、道徳的義務はそれ自体としては強制とは無関係だからである。

むしろカントの「完全義務・不完全義務」という言葉は、その義務が命令あるいは禁止する行為の具体的内容が明確か否かを意味する。たとえば「自殺する」という行為の具体的な内容は通常明確だが、どのような行為が「自己の才能を開花させる」と言えるかは不明確だから、自殺の禁止は完全義務だが、自己の才能の開花は不完全義務なのである。しかしそう考えると、行為タイプの具体的内容の明確さはオール・オア・ナッシングというよりも程度問題だから、完全義務と不完全義務の相違は、彼の道徳理論では本質的な問題ではないと思われる。

三つの定式の批判的検討

定言命法の三つの定式はカントの道徳理論の中核にあるため、賛否いずれの立場からも多様な議論がなされてきた。私はデレク・パーフィットがその大著『重要なことについて』の中で行っている検討が精密かつ説得的だと思うので、そこからの大きな示唆を受けながら見ていきたい。

まず「目的自体としての人格」という定式について言うと、われわれは社会生活を営んでいる限り、日常的に他の人々を手段として使わないわけにはいかないということを認めなければならない。

カントは人格を手段として用いることを一概に禁じているわけではなく、「単なる手段としてのみ」用いることだけを禁じているのだが、どのような行動が人を「単なる手段としてのみ」用いることになるのかは解釈の余地が広い。たとえばそれは人をその意に反して取り扱う行動だろうか？　しかしそれなら不正な攻撃者に対する正当防衛まで含んでしまいそうだ。ではその人の権利を侵害するような仕方で取り扱うことがそうなのだろうか？そう考えるとしても、典型的に人を単なる手段としてのみ扱う行為のすべてが道徳的に禁止されるとも思われない。たとえば緊急避難の事例において、大きな損害を避けるための単なる手段として第三者を取り扱うことが許される場合もあるだろう。だから目的自体としての人格という定式は説得力がない（以上、『重要なことについて』第九章を参照）。

「普遍的法則の定式」（「自律の定式」も含む）に移ろう。これは形式的な制約であるため、無内容すぎると批判されることがあるが、その批判は不当だ。この定式は少なくとも〈恣意的な例外＝勝手なズルを許さない〉という帰結を持っているからである。この定式によれば、人はある格率を採用しながら、自分あるいは特定の人だけにその適用を免除することができなくなる。これは決して小さな制約ではない。またそれは決して唯一の行動を命ずるわけでもなくて、定式に従った多様な行動を許容している。だから定言命法はある種の行為を禁ずると同時に、それ以外の行為を許容もするのである。

とはいえ普遍的法則の定式は、文字通り解釈されるとある点では狭すぎ、ある点では広すぎる。たとえばそれは〈歯科医になれ〉といった、個人的には問題のない格率までも禁じてしまうから狭すぎる。誰かが自分自身に対して「歯科医になれ」と命ずることはできるし、合理的でもありうるが、その命令を万人が従うべき**普遍的**法則とすることはできない。なぜなら誰もが歯科医を職業とするような社会は存在できないからである（『重要なことについて』第四十四－四十五節）。

他方それは〈女性の福利には男性の福利よりも小さな重みしか与えるな〉という明らかに不公正な格率さえも禁止できないという点では広すぎる。なぜなら〈女性も含む誰もがこの格率に従う〉という事態を意志できるような人は存在するし、現実に大部分の人々がその格率に従う社会は歴史上（今でも？）たくさん存在したし、それはその格率を欲する人自身の目的とも矛盾しないので、普遍的法則として不可能ではないからだ（同上第四十七－四十八節）。

またカントは定言命法が「自分にされたくないことを、他人にしてはならない」という

〈黄金律〉の一種ではないと主張し、その論拠として〈この表現を利用すれば、「自分は人から親切にしてもらわなくてもよいから、人に親切にすることもしない」という態度を許すことになるし、犯罪者は自分を処罰しようとしている裁判官に対して反論できてしまうから普遍的法則たりえない〉ということをあげるが、この〈黄金律〉批判は彼自身の普遍的法則の定式にもあてはまってしまう。なぜなら独立心の強い人は〈誰も人を（困窮した際の自分も含めて）助ける義務はない〉という許容的格率を、また犯罪者は〈（自分以外の犯罪者を含めて）犯罪者を処罰するな〉という格率を、それぞれ誰もが従う普遍的な法則として意志できるからだ——他の人々がそれを意志しようがしまいが（同上第四十六節参照）。

これらの考慮が示す普遍的法則の定式、そしてそれとよく似た自律の定式の欠点は、〈「君」が望んだり採用したりする格率が「君」自身にとって普遍化できるか否か〉、つまり〈誰もがその格率に従うという事態を「君」は欲せるか〉だけに着目していて、〈他の人々が「君」の格率を採用しているか否か、また彼ら自身がいかなる格率を選ぶか〉を考慮していない、ということだ。これらの定式は、「君」以外の人々がいかなる格率に従いたいかを考慮するように要求していないのである。

別の言い方をすれば、カントはここで**格率に従う行為者**が誰であるか（アイデンティティ）による偏頗《へんぱ》さは排するが、**格率を採用する人**が誰であるかによる偏頗さは斥けていない。

一般的に言って、カントは〈紂王《ちゅうおう》やカリギュラやヒトラーのように病的に不道徳な人が首尾一貫して採用する格率も想像できる〉という可能性を考慮していないようだ。

ところが中山元訳の『道徳形而上学の基礎づけ』の訳者解説によると、カントは『論理学』という著作の緒論で「「自分を思考において他人の見地に移しおいてみる」という「拡張された思考方法」」を普遍的な思考の規則の一つにあげたそうだから(三二〇頁)、そこでは他人の身になって考えることの必要性を認めていたことになる。おそらくカントは『基礎づけ』を書いていた時もそう思っていただろう。しかし『基礎づけ』における定言命法の定式とその説明を読む限り、彼はどこでも〈君の格率を他の誰もが採用するだろうか、また他の人はいかなる格率を採用するだろうか〉を考慮すべきだとは書いていない。

だからこれらの定式はパーフィットが指摘するような不備がある。好意的に見れば、カントが『基礎づけ』で述べた定式は彼自身の真意を十分表現していないということになる。むしろ次に述べるパーフィットの改良版の方がカントの真意に沿っているかもしれない。

普遍的法則の定式のパーフィットによる改良版

以上の考慮からパーフィットが理性的なすべての人の信念を考慮するようにした普遍的法則の定式の改良版は、

「〈ある仕方で行動することが道徳的に許容されていると誰もが信じている〉ということを**誰もが**理性的に意志できるのでなければ、そのように行動することは不正である」(『重要なことについて』第一巻三七五頁。強調は私)

というものである。カント自身の定式とこの定式の重要な相違は、前者にあっては行動原理を意志する主体が「君」に限られていたのに、後者にあっては「誰もが」であることだ――ただし意志されることを行う行為者として想定されているのは、いずれにおいても万人なのだが。パーフィットの改良版に従えば、〈歯科医になることは道徳的に許容されると誰もが信じている〉ということを誰もが――歯科医になるつもりが全くない人も含めて――理性的に意志できるから、歯科医になることは不正ではない。また〈女性の福利に男性の福利よりも小さな重みしか与えないことは許されると誰もが信じている〉ということを利己的な理由などから意志する人はいるが、誰もがそう理性的に意志できるわけではない――それどころか、道徳的な人ならそう理性的に意志できないだろう――から、そのような行動は不正なのである。

パーフィットは〈普遍的法則の定式〉のこの改良版を、

「普遍的な受容を**誰もが**理性的に意志できるような原理が、ある行為を許容するのでなければ、そのような行為は不正である」

と言い直し、それを〈普遍的に意志できる原理の定式〉と呼んだ（同上三七六頁。強調は私）。

カントの定言命法は命令だけでなく許容も含みうる

カントの元来の定言命法は命令あるいは禁止の形式をとっていたので、パーフィットの改良版の定式の中に許容を持ち込むのはカントの発想に反すると思われるかもしれないが、そうではない。命法がある種の行為を命ずるとしてもその具体的な方法は多様だし（普遍的法則の命令に従う行為は一つだけではない）、またある種の行為を禁ずるときも禁止されていない行為は多様なのだから（人を単なる手段としてではなく目的自体として取り扱う行動も、また多様である）、ある種の行為を命令あるいは禁止することは、同時にそれ以外の多様な行為を許容してもいると理解できるからである。だから義務だけでなく許容という概念もカントの道徳哲学の中で重要な役割をはたす。

それどころか、カントは『人倫の形而上学　法論』の先占による所有権獲得の正当化論では、無主物の使用の（消極的）許容から先占者による（積極的な）所有権の取得を論理的に——つまり、ロックやヒュームのように所有権制度の必要性や効用に訴えかけることなく——導き出そうと試みてさえいる（特に§2と§16参照）。

なお作為の命令は不作為の禁止として、作為の禁止は不作為の命令として、それぞれ理解できるから、そもそも命令と禁止の相違は表現上のものにすぎないということも、ここでついでに指摘しておこう。

パーフィットの改良版定言命法に戻ると、その特色は、カントの元来の普遍的法則の定式に含まれていた、他の人々の道徳的判断を考慮に入れない義務論を、他の人々による理性的同意を要請する契約主義に転換したという点にある。カントの定言命法はパーフィットによる改良によって契約主義化され、説得力を持つようになったのである。

カントはヒュームとスミスの著作から他の分野では影響を受けても道徳哲学の分野ではほとんど学ばなかったように見えるが、もしカントが彼らの共感理論や不偏的観察者理論をいくらかでも取り入れたら、他の人々が採用するであろう格率や道徳的判断も考慮に入れる必要について書いていたかもしれない。

『人倫の形而上学　法論』における適法性と道徳性と強制

カントは『基礎づけ』冒頭で「道徳的法則ゆえの行為」と「道徳的法則に適《かな》った行為」の区別をしたが、私が本章の最初で書いたように、カントは『基礎づけ』執筆当時は法的義務についてほとんど考えていなかったようだ。その反対に、最晩年に公刊された『人倫の形而上学』では、人倫Sitten（「道徳」とも訳される）は法Rechtと倫理Ethik（時には狭い意味における道徳Moralität とも）に二分され、それぞれの具体的な諸問題が第一部『法論』と第二部『徳論』で体系的に論じられる。

『法論』冒頭の「人倫の形而上学への序論」は、実質的に『法論』だけでなく『人倫の形而上学』全体の序論である。カントはそこで道徳と法とを次のように対照させる。――道徳的な行為は義務から出なければならないが、適法性は善意志を必要とせず、傾向性による選択意志的行為でも適法性を満たしうる。不法な行為（強制的に禁止できる行為）は単に不法であるだけでなく道徳にも反するが、不道徳な行為がすべて不法であるわけではない――。

カントは法と道徳を分かつものを、また強制の可能性にも見出す。彼によれば法義務は外的に強制可能だが、道徳義務はそうでない（『法論』「人倫の形而上学一般の区分」と『徳論』「徳論への序論」ⅡとⅨ）。ただしこの主張は道徳性を非経験的な善意志とだけ結びつけるカント特有の道徳理解から来るもので、外に現れた行為や感情や傾向性も道徳の領域に含めるならば、道徳義務も強制可能なはずだし、善意志の行使さえ外から影響を与えられるはずだ――ただしそれを法的に強制することが望ましいかどうかはまた別の問題だが。

カントによる道徳と法の区別はしばしば通俗的に〈道徳は内面だけにかかわり、法は外面的行為だけにかかわる〉と表現されるが、これは実態に反するだけでなく、カントの趣旨にも反するだろう。カントの徳論はしばしば外的行動にかかわり、法論も心理状態にかかわるからだ。彼が言いたかったのは〈法は内面的状態にとどまることまでは強制を加えない〉という程度のことだった。

「法の普遍的原理」と万人の平等な自由

カントは『法論』「法論への序論」の中でさらに法の特徴を述べる。――法というものは第一に、人格の間の外的で実践的な関係だけにかかわる。第二に、他人の単なる願望や欲求ではなく選択意志（法学の用語に合わせて「意思」と訳されることもある）にかかわる。第三に、その選択意志は実質すなわち本人の目的ではなく、形式だけにかかわる。ここからカントは法を次のように定義する。

> 法とは、ある人の選択意志が他人の選択意志と自由の普遍的法則に従って調和させられるための諸条件の総体である。
>
> （「法論への序論」§B）

カントはここから「いかなる行為も、その行為そのものについて見て、あるいはその行為の格率に即して見て、各人の選択意志の自由が誰の自由とも普遍的法則に従って両立するような、そのような行為であるならば、その行為は正しいrecht」という、「法の普遍的原理」を導き出す（「法論への序論」§C）。

この原理によれば、法の目的は各人に自由な活動領域を確保することにある。それは社会全体が目指すべき政策や目的を達成するためにあるのではない。彼の表現によれば、法の基礎は「普遍的法則に従って何びとの自由とも調和しうる外的強制の可能性という原理」（「法論への序論」§E）である。

そしてカントが後の部分で書いていることだが、彼は『人倫の形而上学』の中で、「自由」という言葉を法の領域と道徳の領域で使い分けている。法における自由は、外部からの強制がないという意味の「外的自由」であり、道徳における自由は、徳の義務から行動する自己支配という意味の「内的自由」である（『徳論』「徳論への序論」ⅩとⅩⅤ）。カントは『基礎づけ』第三章で「自由」とか「自律」という言葉をここで言う「内的自由」の意味で使っていたが、『人倫の形而上学』では「外的自由」の観念も取り入れたことになる。「外的自由」は政治哲学者のアイザイア・バーリンが後に「二つの自由概念」（バーリン『自由論』小川晃一ほか訳、みすず書房に収録）で強調することになる「消極的自由」であり、「内的自由」は「積極的自由」に属する。

以上の考慮を取り入れると、カントの「法の普遍的原理」は「いかなる人の行為も、各人の両立する消極的自由の行使ならば正しい（適法である）」と言い換えることができる。両立可能な消極的自由権を誰もが等しく持っているのだ。カントはこの意味での自由を、万人が持つ唯一の生得的権利とさえ呼んでいる（「法論への序論」法論の区分 B法［権利］の一般的区分）。

カントはこの「法の普遍的原理」を「それ以上どんな証明も不可能な一つの要請」（「法論への序論」C）と呼ぶが、これはおそらく個人の自由を重視する人にとって最も基本的な信念の一つだろう。実際〈誰もが平等な消極的自由への自然権を持つ〉という発想は、ロックの『統治二論』第二篇第二、五章にすでに見られたし、その後も十九世紀のハーバート・スペンサーの『社会静学』（これについては一八八頁以下で述べます）第六章や二十世紀後半のマレイ・ロスバードの『自由の倫理学』（森村進ほか訳、勁草書房）やヒレル・スタイナーの『権利論』（浅野幸治訳、新教出版社）第六章をはじめリバタリアニズムの文献で今日に至るまで正義の原理として明示的に主張されてきた。リバタリアンでなくてもこの原理を受け入れる人は多い。

その一方、次章で紹介する功利主義の体系家ヘンリー・シジウィックは、提唱者の名をあげずにこの「自由の平等」の原理に反論した（『倫理学の諸方法』3.5.4. 本書二一一―二一二頁参照）。シジウィックの批判の論拠は、自由の内容が曖昧だとか、その原理は契約の強制や私有財産制とも衝突しかねないといったものだが、私はそれらの批判が成功しているとは思わない。ロックやスペンサーが念頭に置いている自由の内容はかなり明確で、それは契約の強制や私有財産と両立する、というよりも、それらの規則を要請するものだからだ。

私は以前『財産権の理論』(弘文堂)で「(消極的)自由の平等」の原理を「自己所有権」のテーゼという名の下に念入りに擁護したから、その議論をここで繰り返さないが、ともかく最大幸福を究極の判断基準とする功利主義と「自由の平等」という原理が衝突するのは当然のことだ。

『人倫の形而上学　法論』の各論

ここまでは『人倫の形而上学』の『法論』(と部分的に『徳論』)の総論部分を検討してきたが、それに続く、分量の点で大部分を占める各論部分はどうだろうか？　かつて批判期には驚くべき独創的な抽象的道徳原理を提唱し、『法論』総論部分でも人々に平等な自由を保障する「法の普遍的原理」を掲げた大哲学者が展開する、法と道徳の体系の詳細はいかに？

それに関するカントの論述はおおむね私をがっかりさせるものである。

『法論』の第一部「私法」はまず所有権について論ずる(§§1―17)。カントはそこでロックの名はあげないがロック流の労働所有論を批判し、それに代えて先占による取得を主張する。しかし彼はなぜ所有権獲得の要件が労働による占有ではなく単なる最初の占有でなければならないかを述べていない。彼は単に「こうした仕方での取得の可能なことは、どんなにしても洞察されえず、またいろいろと理由をあげて証明することもできない。そうではなくて、それは実践理性の要請からする直接の帰結なのである」（§14）と言うだけだ（カントはまた契約によって権利が獲得されることも理性の要請だと言っている。§19）。

カントによる労働所有論批判を好意的に解釈すれば、〈所有権というものは人と物との関係ではなく人と人との関係なのだから、単なる労働ではなく、人々の間の（仮説的）合意に基づかなければならない〉という趣旨になるだろう。しかし仮にそうだとしても、カントは人々が〈その対象に労働を加えた人ではなしに、先占者がその対象に対する所有権を獲得する〉という取り決めに合意するはずだと考えるべき論拠をあげていない。

ロックならば、〈労働を加えた人は他の人々から価値あるものを取り上げたわけではなく、新しい価値を加えたのだから、所有権の獲得に同意を取りつける必要はない。あるいは合理的な人ならだれでもその人に合意を与えるはずだ〉と返答できる。カントが労働でなく先占こそ所有権取得の要件だとした原因は、単にローマ法以来の法制度がそうなっているという歴史的経緯以外にあるだろうか？

またカントは自分の言う占有が現象的・経験的なものではなく本体的・叡知的なものだと言うが（§§5―6）、この概念もよくわからない。占有は規範的な概念である所有（権）と違って、経験的事実に関する概念のはずだ。人はどのようにしたら土地を現象的・経験的にではなく本体的・叡知的に占有することになるのか？　不在地主がそうしているのか？　あるいは、自分の経験的な占有を他の人から奪われた人は、その時から経験的ではなく叡知的に占有していることになるのか？　それとも叡知的占有とは〈正当に占有できる〉という規範的な地位なのか（そうだとすると、それは所有権の一部ではないか）？　カントにはこれらの点をもっと説明してもらいたかった。カントが「叡知的占有」という独自の概念を持ち出したことは議論をさらに混迷させたにすぎない。

家族法に移ろう。カントはここで同性愛を「口に出すのもはばかられるような反自然的背徳であって、われわれ自身の人格の内なる人間性の侵害として、全く何らの制限や例外もなく、全面的な断罪に値するものである」（§24）と口を極めて非難する。注意されたいが、カントはこれを強制的義務である法の問題として論じている。またカントによれば、家長としての夫が妻に対する命令権を持っているということは夫婦の平等に反せず（§26）、僕婢は物権の対象のような形で家長に属する（§30）。カントの名誉にならないことに、彼はこれらの個所で伝統的な性道徳・夫婦関係・主従関係を正当化し、強制しようとする。

「法論」第一部の最後でカントは正義を三分するが、これについてはすでに本章の最初で述べたから再説せず、第二部の公法に移ろう。

カントの国家では女性や商人や被雇用者（ただし国家の被雇用者、つまり役人だけは別）は自立して生活していないという理由で投票を行う能力を持たないから、国民の資格を持たないのだが（§46）、カントは投票能力を持つ国民も最高権力の根源を詮索してはならないと言う。なぜなら国民はすでに「一つの普遍的立法意志のもとに結合しているものとみなされねばならない」ので、そんな詮索は「全く的外れの、しかも国家を危うくする空論」だからである。カントがここで禁止しようとしているのは、抵抗や反乱といった実力行使ではなく——直後の部分ではそれも実際禁止しているが——議会外の一般市民の反体制的な言論である。カントによれば、「その起源が何であれ現在の立法的権力に従うべし」ということが「実践的理性原理」である（一般的註釈A）。この「実践的理性原理」なるものは、通俗的に、法実証主義者が提唱することによってナチスの暴政を正当化したとして第二次大戦後非難されてきた主張だ。

カントは刑事法の分野では同害報復の徹底した応報刑論を「刑罰的正義の定言命法」として提唱するが、そこでの刑罰論は、帰結の考慮を徹底して排除しようとする点で注目すべきものだ（同上ＥⅠ）。

公法の中ではまだ「国際法」と「世界公民法」が残っているが、アリストテレスの特殊的正義の分類を表現上は踏襲する（本章冒頭を参照）カントはこれらの部分で正義に言及しないから、その解釈は他の研究者に委ねよう。

スペンサーの「第一原理」あるいは「正義の定式」

ここで話を戻して、ヴィクトリア女王時代のイギリスで活躍した哲学者ハーバート・スペンサーもカントの「法の普遍的原理」と同じような主張を独立に行ったというトピックを取り上げたい。スペンサーは現代では不当に閑却されているが、十九世紀における最も明晰な自然権論者であるとともに、歴史を通じても自由市場社会の倫理の最も体系的な数人の理論家の一人である。

スペンサーは最初の本格的著作『社会静学』（一八五一年、私の抄訳あり）の中で「すべての人は、他のすべての人の等しい自由を侵害しない限り、自分の欲するあらゆることを行う自由を持つ」という、彼の言うところの「第一原理」を提唱し、それに基づく首尾一貫した道徳・政治理論を展開した。スペンサーは晩年の『倫理学原理』（一八七九—九三年、未邦訳）でもこの原理を「正義の定式」の名で主張し、『社会静学』の正義論をさらに詳細に述べたが（第四部「社会生活の倫理：正義」。その中でも原理的な議論は、第六章「正義の定式」と第七章「この定式の権威」）、その時までにはカントがすでにこの原理と実質的に同じ考えを『人倫の形而上学』の中で提唱していたことを他の研究者の指摘によって知るに至っていた。

そのためスペンサーは『倫理学原理』の「補論A　カントの権利観念」の中で両者の原理の共通性に触れた後で、両者間の相違も指摘する。このことは日本語で読める文献ではまだ紹介されていないようだから、以下に一部を引用しよう。スペンサーはカントの『人倫の形而上学』「法論への序論」§C（本書一八一―二頁）の文章を引用してから言う。――私（スペンサー）の「平等な自由の法則」は、

近接して生活しているよく似た人々が最大幸福を実現できる以前に満たされる必要がある、一次的条件の表現である。カントは有益な目的とは無関係に考えられたアプリオリな要請を述べたが、私はこれをアポステリオリな要請として述べた。それは、社会の状態が必然的なものとする環境の下で有益な目的の達成のために従わなければならないものである。

この観念を表現する両形式の間の相違はこうだ。――カントは「生得の権利はただ一つ、自由の権利だけである」と言うことによって正義の観念の中の積極的要素を明らかに認めてはいるが、今引用した文章の中では、個人の自由権はこの自由を侵害す

る行為の不正さの含意から生ずるものとして述べられている。尊敬の課す制約への義務という消極的要素が支配的観念なのだ。ところが私の場合、積極的要素——行動の自由への権利——が一次的で、他の人々の存在が課す制約から生ずる消極的要素は二次的である。この相違は重要かもしれない。［カントのように］義務を前景に出すことが、政治的制約の強い社会状態の中では自然だと思われる一方で、［私のように］権利を前面に出すことは、個性が一層強く主張される社会状態の中で自然だと思われるからだ。

つまり自分（スペンサー）の原理は経験に基礎を置くとともに自由権の主張から出ているが、カントの原理は経験に先立って義務の制約から出ている、というのである。

そしてスペンサーは『社会静学』の中で平等な自由の原理を単に正当化するだけでなく非妥協的に徹底させた。カントも『人倫の形而上学　法論』の序論ではそれを原理として提唱したが、本論の中ではそれに矛盾する主張をいくつも行った。このことは、スペンサーのように（外的）自由をそれ自体として重視する発想と、カントのように義務から生ずる派生的観念として考える発想の結果の実際的な相違を示している。カントにとって道徳的価値を持つのは、義務であって自由や権利ではない。スペンサーは平等な自由の領域を最大限認めようとするが、カントは自由の平等には関心を示しても、自由を最大限に認めようという関心を示さない。

『人倫の形而上学』のカントは、自由の擁護者としては『社会静学』のスペンサーに数段劣るのである。

『人倫の形而上学』の評価

カント最晩年の著作である『人倫の形而上学』の評価は分かれる。これをカントの道徳哲学の最終的表現として評価する人もいれば、晩年の知的老衰の産物と考える人もいる。前者の人々は『人倫の形而上学』を批判期の思索と統一的にとらえ、後者の人々はそうしないという一般的傾向がある。この問題はカント研究者の中では、この本が「批判的」か否かという言い方で論じられることが多い。『徳論』はともかく、『法論』が「批判的」かについては昔から賛否両論があるが、近年は肯定的見解が有力になっているようだ。

ここで全然カント研究者ではない私の素朴な印象を述べると、『法論』の序論部分は批判期と地続きだが、それ以外は一八四頁以下で紹介したように当時の法制度や常識的道徳の後づけ的正当化のように読める部分が多い。ただし『徳論』はすでに述べたように他人の幸福を道徳的目的の一つに数えているし、正面から人間の経験的性質を考慮に入れて決疑論的問題を論じ、『基礎づけ』などで言葉を尽くして非難していた嘘さえ許容しているように読める個所がある。

だから結局『人倫の形而上学』のカントは丸くなって経験的な人間性にもっと配慮を払うようになったが――そしてそのこと自体は評価できるが――それとともに、当時の社会の偏見を無批判に受け入れて「形而上学」的お墨付きを与えるという知的頽落《たいらく》も示した、というのが私の総合的な評価だ。

カント倫理学全体をどのように分類し評価するか?

ここまで見てきたカントの倫理学はどのように特徴づけられるだろうか(ここでは、本章の最初で見た『人倫の形而上学　法論』の「公的正義」論はひとまずおいておく)。

第一に、善意志だけに道徳的価値があるという動機重視の面は徳倫理学と一致する。また以上では触れられなかったが、『人倫の形而上学　徳論』の具体的な徳や悪徳への関心も徳倫理学への貢献として評価できる。

しかしカントの「善意志」は感性や欲求とは独立して理性的な義務の認識だけに基づいているという点では、徳倫理学ではなく義務論に属する。カントはたとえば、徳は習慣でないとか、徳は経験によって習得されるものではないとか、徳は無情念を必ず前提するとか言っているが（「徳論への序論」Ⅱ・XIII・XVII）、これらの主張は徳倫理学の発想とは正反対だ。

定言命法の〈目的自体としての人格の定式〉と『人倫の形而上学』の多くの部分も典型的な義務論だ。それは特に、人間誰もが持つとされる尊厳の尊重を命ずるものである。**カント自身の用語法における「尊厳」は人格ではなく道徳律が持っているものだが、現代のカント主義的な尊厳は「目的自体として取り扱われるべし」という人格の地位であって、その尊重は帰結主義的考慮をしのぐものとみなされている。**

定言命法の〈普遍的法則の定式〉もまた義務論的だ。次の章で述べるミルは『功利主義』第五章の中で、カントが定言命法によって「全員の利益に役立つような原理」を考えていたと理解して、功利主義に結びつけているが、これはカント道徳哲学の理解としては強引だ。カントはそんなに利益を重視していない――個々人のであれ全体のであれ。また〈普遍的法則の定式〉は契約主義の可能性も持っていたが、それが現実化されるのはパーフィットによる改訂を必要とした。

結局そういうわけで、カントの道徳哲学は徳倫理と契約主義の側面もいくらか持っているが、義務論の典型のように取り扱われているのは無理もない。

カントが普遍的かつ不偏的な道徳的行動原理を求めた努力自体は大きな哲学的意義を持っている。多くの徳倫理学論者のように、初めからそのような一般的原理は存在しないと決めつけてその探究を試みなかったら、倫理学の進歩は妨げられてしまうだろう。しかし道徳原理がカントの提唱するような極端にアプリオリで絶対的な義務を含まなければならない――それどころか、そのような義務**だけ**を含まなければならない――という理由はない。

カントは批判期にはいかなる経験的考慮も帰結への配慮も道徳理論の中に持ち込むべきではないかのような口吻《こうふん》で語るときもある。しかしカントは『基礎づけ』の中でさえ、〈普遍的法則の定式〉の一ヴァージョンとして理解される〈自然法則の定式〉を論ずるときなど、〈そのような行為を人々がしたらどんな結果になるか?〉といった経験的・帰結主義的な考慮に訴えかけるときがある。晩年の『人倫の形而上学』にはそのような考慮がもっと多い。かくしてその本は『徳論』の中で多くの「決疑論的問題」を論じているのである。

そしてこれまた批判期のカントが考えていたらしいように、道徳的義務が絶対的なものだと考える必要もない。他の種類の道徳的理由によって覆されうる「一応の義務」というものを認める義務論も考えられる――というよりも、いくらか説得力を持つ義務論はすべてそうだ。

カントが経験的考慮や帰結への配慮を正面から取り入れて、道徳的義務が例外を容れない絶対的なものでなければならないという想定を捨てていたならば、彼はもっと説得力ある道徳理論を提唱しただろう。しかしつけ加えて言いたいが、これは私が前の節で批判したような、カントによる当時の制度や実定道徳の無批判な擁護に賛同する趣旨では全然ない。

哲学の議論の価値は内容の説得力や正しさや実践的有用性だけにあるのではない。ある大胆な、時には非常識な主張を提起し、それを徹底させることで読者に反論や検討をうながすということも哲学の著作の重要な価値だ。この点で批判期のカントの道徳哲学は、難解でもったいぶった文章表現が大きな欠点だとはいえ、比類の少ない貢献をしている。間違いを犯さないことだけが哲学者の美徳ではないのである。

第八章

正義とは功利の原理に役立つ「かもしれない」ものにすぎない

――功利主義

近代の英語圏で特に有力な功利主義は、「最大幸福の原理」と言い換えられる思想である。その基本的な発想は、われわれは幸福happiness（≒効用・功利utility）という点において世界をできる限り最善の状態に至らせるべきであるというものだ。それはしばしば誤解されるように、人は自分自身の幸福を最大化すべきだと主張するものではなくて、不偏的な観点から見たあらゆる人の（あるいは、感覚を持つあらゆる動物の）幸福を最大化すべきだとするものである。

功利主義はその主張の単純さと一見した説得力のために魅力を持っている。しかし現代の倫理学の世界では、功利主義は**状態**から独立した**行為**自体の（反）価値――人格の統一性（インテグリティ）の価値とか、作為と不作為の道徳的意味の相違など――や、分配的考慮――「機会の平等」とか「功績に応じた分配」とかロールズの提唱する「格差原理」など――を無視するといった理由で批判を受けている。たとえば、〈功利主義は各人に対して、自分の最も重要な行動原理に反してでも効用を最大化する行為を行うように命ずるから人格の統一性を無視する〉とか、〈「最大幸福」の原理は極めて不平等な分配を正当化してしまう〉といった批判である。そのために功利主義者を自称する人は少数派だというのが実情だ。これらの批判のかなりの部分は〈功利主義は正義に反する理論的帰結に至る〉というふうに特徴づけることができる。

実際、伝統的に功利主義の提唱者たちは、特定の正義観念を自ら積極的に提示しようとするのではなく、むしろ人々が日常的・伝統的に持っている正義観念を何らかの仕方で功利主義の枠の中で説明あるいは正当化しようとしたり、あるいは反対に批判したりしてきた。要するに、一見すると功利主義と正義の観念は相性がよくないのである。

本章ではジェレミー・ベンサム、ジョン・スチュアート・ミル、ヘンリー・シジウィックという、十八世紀末から二十世紀初頭に至る三人の古典的な功利主義者の正義論を見て、以上の主張を立証したい。

ベンサム『道徳および立法の諸原理序説』における正義

十八世紀から十九世紀にかけて半世紀近い間活躍した功利主義の創始者ジェレミー・ベンサムは、その理論的な主著『道徳および立法の諸原理序説』（一七八九年）の中で、「司法」という意味とは区別された正義justiceについて、わずかに一つの注の中で次のように触れているにすぎない。

> 正義という言葉に意味があるとすれば、それは議論の便宜のために作り出された想像的な人格なのであって、それの定める要請は功利性の要請が特定の場合に適用され

たものにほかならないのである。［……］このように正義の定める要請とは実際には慈愛の要請の一部にすぎないのであり、それがある場合に、ある特定の対象に対して、すなわち特定の行動に対して適用されたものなのである。

（ちくま学芸文庫、上、二八八－九頁。第十章四十への注）

つまりベンサムによると、「正義」とは最大幸福原理（彼の言うところの「慈愛の要請」）が特定の行動についてとる形態にすぎない。これはたとえば、正義と善行を二つの徳として対照させたスミスの『道徳感情論』の発想とは全く異なる。スミスの「正義」と「善行」は行動にふさわしい非難と処罰あるいは感謝と報奨を与えるという功績の問題だったが、ベンサムは功績という発想をそもそも持っていない。彼の考えでは、善人悪人を問わず、誰が経験するのであれ、あらゆる快は善であり、あらゆる苦痛は悪である。刑罰という苦痛は犯罪を抑止して最大幸福をもたらすから手段として正当化されるが、それ自体として見れば悪である。

ミル『功利主義』における正義

ベンサムは正義という観念をこのようにそっけなく片づけただけで、いかなる場合にそれが適用されるのかについて何も述べなかった。それに対して、ベンサムに続く重要な功利主義者だったジョン・スチュアート・ミルは、『功利主義』(一八六三年)の中でベンサム版功利主義の常識に反する部分を弱めるか改訂して功利主義を受け入れやすくしようと試みた。彼は特に最後の第五章によって、常識的な正義の観念を功利主義の理論内部で説明しようとした。

だがその説明に移る前に、ミルが第二章「功利主義とは何か」の冒頭近くで与えた功利主義の特徴づけを紹介しよう。彼はこう書いている。

> 効用、つまり最大幸福原理を道徳の基礎として受け容れる考え方によれば、行為は幸福を増進する傾向があれば、その度合いに応じて正しい right ものとなり、幸福とは反対のものを増進する傾向があれば、その度合いに応じて不正 wrong なものとなる。幸福は快楽を意味しており、苦痛の不存在も意味している。不幸は苦痛を意味しており、快楽の不存在も意味している。(岩波文庫、二四頁)

ミルがここで行う正と不正の定義は、功利主義の主張そのものである。最大幸福原理に合致する行為が正しくて、それに反する行為は不正なのだ。このように理解する限り、功利主義者にとって正と不正という観念には何の問題もない。ところが第五章「正義と効用の関係について」はこのように始まる。

いつの時代でも、効用や幸福が正 right と不正 wrong の判断基準であるという理論の前に立ちはだかり、その受容を妨げる障害があった。そうした障害の中で最強だったのは、正義 Justice の観念に由来するものである。

（岩波文庫、一〇五頁）

つまり、正義という観念が功利主義という正しい理論の受け入れを邪魔してきたというのである。

そのためにミルはこの第五章で、正義という観念を功利主義の観点から合理化しようとする。その議論を要約すれば次の通りだ。——人々が生まれつき正義の感情を持っていることは事実だが、それは究極的な行動判定基準にならない。通常考えられている「正義・不正義」の具体例を考えてみよう。それは多様だが、列挙してみると、①法的権利の尊重②道徳的権利の尊重　③〈善には善を、悪には悪を〉という正当な報い　④信頼の裏切り・約束破り（不正義の例）　⑤公平さ　⑥平等である。たいていの言語において、これらの「正義」の起源は法的強制であり、それは一般に〈個人の権利〉という観念と結びついている。

では正義の感情はどこから生じたのか？　それは（1）不正行為者を処罰すべきだという感情と（2）被害者が存在するという確信とから生ずる。正義の感情は、不正行為者を処罰すべしという復讐感情が、共感能力の拡大によって、自分に関係のない人への不正行為に対する義憤にまで拡張されたものなのである。この感情によって保護されるのが、正当な請求権で、社会は各人にその権利を保障しなければならない――。

そしてミルは言う。

権利を持つということは、所有者であれば社会が保護を与えるべき何かを、所有しているということである。この考えに反対する人から、なぜ社会はそうすべきなのかと問われたら、私がその人に示せる理由は、社会全体の効用以外にはありえない。［……この言葉が含んでいる報復感情は］並外れて重要で印象の強いものであり、そのために、この渇望は強烈なものになり、道徳的にも正当化されているのである。ここで問題になっているのは、安全という利益である。つまり、あらゆる利益の中で最も死活的なものだと、すべての人が感じている利益である。［……］この正義の要求が帯びている性格として言えるのは、絶対的であること、明らかに無制約であること、そして、他の考慮点と並べて比較できないことである。

（岩波文庫、一三四―六頁）

ミルはこのようにして、「社会全体の効用」という理由で正当化される権利の保護を正義の要求と同視し、さらに正義感情が「道徳的な必然」であるとまで言う。しかし彼はまた、正義の具体的な内容については多様な見解があると指摘する。——正義に関する判断には、効用に関する判断と同じくらい多くのものがある。たとえば処罰については、刑罰の意義を応報と考えるか教育と考えるか犯罪予防と考えるかによって正しい刑罰は違ってくる。労働への報酬については、努力に応じた報酬が正義だと考える人もいれば、成果に応じた報酬がそうだと考える人もいる。課税については、正義にかなった制度が人頭税か比例税か累進税かについて人々の意見は一致しない。正義に関するこれらの見解の衝突を解決するためには功利主義の方法によらざるをえない——。

ミルによれば、それでも正義と便宜とを区別して前者を優先させることには理由があった。なぜなら「効用を基礎にしている正義は、道徳全体の中の主要な部分であり、他とは比較にならないほど厳粛で拘束力のある部分である」(岩波文庫、一四七頁) からだ。すでにあげた正義のいくつかの具体的内容——権利の尊重や裁判の公正など——はそのようにして説明ができるとされる。

それだけではない。ミルによれば、正義の義務として考えられている平等それ自体が最大幸福の原理そのものの中に含まれている。〈どの人の幸福も他の人の幸福と同様に尊重せよ〉というのが、ベンサムも言っていた功利の原理の内容だからである。そして『功利主義』の結びの文章はこうだ。

正義は、他の社会的効用と比べて、種類としては（個々の事例においてはあてはまらないことがあるとしても）格段に重要であり、したがって、有無を言わせない命令的な性質も強い。［……］だからこそ、正義は、他の感情とは程度ばかりでなく種類も違う感情によって守られねばならないし、また実際にも、そのようにして自然に守られている。この感情は、より確固とした命令を下すと同時に、動機づけもずっと強力であることで、単に人間の快楽や利便性を増進するというだけの観念に付随するもっと穏やかな感情とは違っているのである。

（岩波文庫、一五八―九頁）

このようにしてミルはベンサムよりもはるかに詳細に、かつ一見したところ共感をもって、日常的な「正義」の判断と感覚を解明した。

しかしミルはそこで検討している一般的・日常的な正義観念を、功利主義者としていわば外部から観察し報告し、それが最大幸福の原理とどう結びつくかを考察しているのであって、自分自身が特定の正義論に左袒《さたん》しているわけではない。その証拠に、彼は〈たとえば犯罪者に対していかなる処罰を加えるのが正当か、そもそも処罰することが正当であるかについては、正義の原理では解決できず、功利の原理によって決めるしかない〉と言っている。ここでミルは〈正当な報い〉という、功利主義とは結びつきにくい正義の観念に譲歩しているようにも見えるが、それも〈善には善を、悪には悪を報いることが結局は社会にとって利益になる〉というプラグマティックな理由によるにすぎない。言わばミルは正義を最大幸福原理に還元しているのである。

この態度はたとえばカントとは正反対だ。カントは、幸福という観念は曖昧だから道徳の基準にならないと主張したし、犯罪者に科すべき刑罰を始めとして、多くの場合に実践的問題への正答が一般の人々にとって明らかだとも考えていたらしいからだ。それに対して、ミルは決して日常的な功績の観念を受け入れていたわけではない。

ミルのこの発想は「正義」の他の領域にも適用される。法的権利が強制的に保護されるべき理由は、社会全体の利益に求められていて、各人が本来有する自然権という考慮によるのではない。平等の観念は〈どの人の幸福も他の人の幸福と同様に尊重せよ〉という功利の原理の中に含まれているだろうが、それは〈誰のどのような幸福にも同じ重みを与えよ〉という意味であって、〈特別恵まれない人の福利を優先せよ〉といった分配的考慮とは異なる——というよりもむしろ衝突する。

ミル『功利主義』の難点

要するにミルは『功利主義』の中で、普通「正義」の名の下に主張されていたさまざまな考慮が〈最大多数の幸福〉の原理によって説明できると言っているのだが、彼は功績や自然権や分配的考慮に、功利から独立した内在的意義を与えているわけではない。

正義論を別にしてもミルの『功利主義』はいくつもの理由から批判されてきた。——ベンサムと違ってミルは、功利主義は「快楽の量」だけを問題にしているわけではないとして、それと別に「快楽の質」(満足した豚の快楽よりも不満足なソクラテスの快楽の方が高級である)という観念を持ち出したが(第二章)、この二つの観念の関係について曖昧なままである。「快楽の質」という概念を快楽の最大化という原理の中にどうやって取り入れるのか? 次にミルは人が目的自体として欲するのは快楽(と苦痛の不存在)だけだとも考えたが(これも第二章)、現実の人間はそれ以外のものも欲しているから、ミルの心理学は事実に反する。ミルはまた、快楽が善であると主張する際、快楽は「望まれているdesired」ものだから「望ましいdesirable」(＝善である)と主張したが(第四章)、これは心理的な事実と規範的な価値とを誤って混同するものである。誰かが望んでも悪いものや、誰も望まなくても善いものはありうる、等々——。

『功利主義』に対するこれらの批判は正義論に関係するものではないから、本書ではこれ以上論じないが、そのどれにももっともな点がある。同様にして第五章の正義論も、功利主義を擁護しようとするあまり、一般的な正義観念が持っている、功利主義的考慮から独立した説得力を軽視しているという評価ができる。

『自由論』はどれだけ功利主義的か？

しかしそもそもミル自身の思想がどれほど純粋な功利主義だったかは、『功利主義』の四年前に出版された有名な『自由論』（一八五九年）を読むとはなはだ疑問に思われる。この本は出版以来今日まで、個人の自由の重要性を強調した自由主義の古典として読まれている。おそらくそれは正しい解釈だ。しかし『自由論』は功利主義とどの程度調和するだろうか？

ミル自身はこの本の序論である第一章で、自分は正義ではなく功利だけを利用して自由を擁護していると主張しているが、実際にはこの本の功利主義的な色彩はあまり強くない。『自由論』は、功利主義と徳倫理学と義務論を三者鼎立《ていりつ》させる現代の規範倫理学の常識に慣れた読者の目には三者を混在させた鵺《ぬえ》のように見える。第二章「思想と討論の自由」は思想の自由が社会にもたらす利益に訴えかけるから、純然たる功利主義かどうかはともかくとして帰結主義的だが、第三章「幸福の一要素としての個性について」は個性や自律の内在的意義を主張するという点で徳倫理学の議論のようであり、第四章「個人に対する社会の権力の限界について」で擁護される、〈文明社会の成員に対し、その意に反して、正当に権力を行使しうる唯一の目的は、他人に対する危害の防止である〉という内容のいわゆる「危害原理」は、個人に不可侵の権利を認めているので義務論的である。

この本をミルの言い分通りに功利主義による自由の擁護論として読むことは難しい。実際次にあげるシジウィックは〈個人の行動は他の人々の利益に関係せざるをえない〉という理由で、まさに功利主義自体の立場から『自由論』の危害原理を批判した（シジウィック『倫理学の諸方法』第四巻第五章第一節）。『自由論』を功利主義と矛盾しないように解釈するためには、「功利」の意味を、ミルが重要だとみなすほとんどあらゆる価値を含めるほど広く解釈しなければならないが、そうすると功利主義をそうでない思想から区別することは不可能になりそうだ。そういうわけで私は本書で『功利主義』の議論だけを検討したのである。

シジウィック『倫理学の諸方法』における正義

ミルに次いで功利主義の倫理学を大成させたのは、ヴィクトリア時代の後半に活躍した哲学者シジウィックの大著『倫理学の諸方法』（初版は一八七四年、最後の第七版は死後の一九〇七年刊行。以下の紹介と引用は第七版による）だ。この本も「正義」の観念を批判的に検討している。だが「急いで執筆され、さまざまな誤謬を犯しているとして非難されるミルの『功利主義』とは対照的に、『諸方法』は広範な論点を論ずる際の入念さにおいて注目に値する」（ラザリ＝ラデク／シンガー『功利主義とは何か』森村進ほか訳、岩波書店、一二頁）と評されるものの、少なくとも功利主義の観点から「正義」を論ずる部分に限るなら、『諸方法』が『功利主義』よりも特別進歩しているとは私には思えない。

シジウィックは『諸方法』の第三巻「直観主義」第五章「正義」の中でさまざまな正義観念の批判的検討を行い、第四巻「功利主義」第三章「功利主義と常識道徳の関係」の第四節でミルの『功利主義』第五章と同じように正義の諸原理を功利主義によって説明しようとする。ミルもシジウィックも正義に関するさまざまの日常的な見解を検討するが、ミルの正義論がそれらの主張を功利主義の中になるべく取り込もうとする、見方によれば宥和的なものであるのとは違って、シジウィックの議論は、常識道徳の中に存在する正義観をさまざまの理由で批判して、いかなる正義観念も結局そのままでは採用できないとする、非妥協的なものである。

シジウィックは「正義」の章で次のように論じている――（以下、本節終わりまでのシジウィックの議論の紹介はかなり圧縮したものなので、十分に理解したい読者はゆっくりと解凍するように読み、そうでない読者は適切に流し読みすることを勧めます)。

通常正義は法と結びつけて語られるが、現実の法はその内容においても具体的執行においても不正であるかもしれないから、正義を合法性と同一視することはできない(以上第一節)。

契約や、社会の中で自然に生ずる期待の保護が、正義と言われることもある。しかし何がその「自然な期待」であるかを画定することは困難である(以上第二節)。

そもそも社会の現状に基づく「自然な期待」自体が理想だとは言えない。その社会が理想的な正義の観点から不正だと評価されることもある。では何が理想的な正義なのか(以上第三節)?

この問題に関する一つの影響力ある見解は、〈自由の平等〉(本書第七章一八三頁を参照)が自然権だというものである。だがこの見解には次のような難点がある。第一に、子どもや精神に障害のある人にその原理を適用することはできない。第二に、個人の「自由」が他の人々に拘束までは加えないが不快感を与えること annoyance は許すなら、そんな自由は認めるべきでないし、またそれを許さないとしたら、「自由」の内容は曖昧だ。第三に、この自由は契約によって自分自身の自由を制限する権利を含むが、それでは奴隷契約さえも許されてしまう。第四に、〈自由の平等〉の原理は労働所有論によって財の無主物先占を容認するようだが、自由から出てくるのはその財を現実に使用している間の支配権だけのはずで、それを超えた永続的な支配権には至らない。また財産権が自分の死後の遺産を処分する権利まで含むかも疑問だ。所有者はその時すでに存在しなくなったのだから。これらの難点を別にしても、もはや無主物がほとんど存在しない現在の社会では、自由が平等に分配されることは不可能である（以上第四節）。

理想的な正義は、自由だけでなく他の利害の分配も要求する。そのような正義の原理の候補としては、自分が受けた恩恵・利益に対する〈感謝 Gratitude〉が考えられる。いや、今検討したばかりの労働所有論もこの根拠に基づいているようだ。しかし〈感謝〉だけでは、労働者への報酬は正当化できても、労働者による労働の対象物の専有（所有権獲得）までは正当化できない。またかりに、利益に対する〈感謝〉という原理が普遍化されると、それは害悪に対する応報的正義という原理にまで至ってしまう。だが応報刑――これは〈仁愛〉が要求する損害賠償とは区別されねばならない――の思想は、道徳的反省によって否定されているものだ（以上第五節）。

〈感謝〉に戻ると、それは何に報いるべきなのか？（シジウィックが正しいと考える）全面的な決定論によれば、人間行動は先行する原因によってすべて決定されてしまっているのだから、自由意志は存在せず、自由意志を前提する道徳的〈功績 Desert〉という常識的な観念も斥けられねばならない。そうすると、報いられるべき価値が何であるかは、〈功績〉ではなく、実際的な効用によって決定されるべきなのかもしれない。だがその決定方法として何が適切かは判断しにくい。またそもそもそれは日常的な正義観念とは異なる（以上第六節）。

刑事法における正義の問題に戻ると、そこでは首尾一貫した筋の通った量刑の原理を正義の考慮によって与えることができない。同様のことが、すでに見たように正義の他の諸領域についても言える（以上第七節）。

――以上が、日常的な正義観念を批判してシジウィックが行った議論を要約した内容である。彼が特に第四節の中で批判していた正義論のヴァージョンは、名前こそあげていないがスペンサーの〈平等な自由〉の原理とロックの労働所有論だろう。だがこの批判に対してはいくつもの返答が念頭に浮かぶ。たとえば幼児や健常な知的能力を欠く人を〈平等な自由〉の例外とすることは正当化しやすいだろうし、労働所有論が必ず現行の財産法の規則を正当化しなければならないわけでもない。

しかしシジウィックの正義観念批判のすべてを検討しなくても、その全体には一つの共通する論法が認められる。それはシジウィック自身が簡潔にまとめている。彼は今私が紹介した第三巻第五章の内容を同じ巻の第十一章「常識道徳の批評」第五節で再説しているが、『倫理学の諸方法』の目次で彼はこの節を次のように要約している。

〈正義〉の一般的な観念から引き出された原理群については、われわれは満足できる形でそれぞれを単独に定義することができないし、ましてやそれらを調和させることもできない。

〈日常的な正義観念は曖昧である上に矛盾をはらんでいる〉というこの厳しい判断に、ミルはともかく、ベンサムなら賛成しただろう。

シジウィックは『倫理学の諸方法』のその後の第四巻「功利主義」第三章「功利主義と常識道徳の関係」の第四節では、正義観念を功利主義的に説明する。その内容は、すでに紹介した趣旨の繰り返しも含むが、次の通りである。——法制度と結びついた公正や平等といった理念は、功利主義の中にも含まれている。また「正当な請求権」や「正常な期待」や「信義誠実」、さらには「功績に報いる」といった日常的な観念も功利主義によって説明できるが、それらの内容は功利主義によって具体化され支配されねばならない。たとえば理性的な成人が幸福を求める自由は認められるが、「最大の幸福」ならぬ「最大の自由」といった個人主義的な政治思想を採用することはできない——。

そしてシジウィックはこの節の最後の段落でこう結論する。

〈功利主義〉は〈正義〉の観念の中に含まれている異なった諸要素を還元できるような共通の基準をわれわれに与える。これらの異なった諸要素は常に相互に衝突しやすいのだから、そのような基準が絶対に要求される。［……常識的な正義観念から明確な決定を引き出すことは不可能だから］〈功利主義者〉は〈正義〉のこの観念を、効用のさまざまな種類へのガイドとして用いるにすぎないだろう。そしてこれらの効用が両立しない限り、彼は利益の一集合を他の集合と衡量し、優越するものを選ぶ決定を下すだろう。

要するにシジウィックによると、正義の諸原理は最大幸福を実現するために役立つかもしれない経験則以上のものではないのである。

功利主義にとって正義は邪魔もの

これまで見てきたように、ベンサムとミルとシジウィックという古典的な功利主義者たちは皆その道徳理論において正義に独立の意義を認めず、せいぜい最大幸福実現のための大まかな指針、それどころか悪くすれば功利主義の採用を妨げる邪魔ものとみなしていた。

倫理学の世界では〈正しい行為とは最善の帰結状態をもたらす行為である〉という思想を帰結主義と呼ぶが、功利主義は帰結主義の一つの典型で〈幸福が最大に実現される状態〉を最善の状態とみなすものだ（本書二一―二頁）。だが帰結主義には功利主義以外のヴァージョンもある。たとえば厚生経済学という経済学の一分野は資源配分の効率と所得分配の公正に関する何らかの価値判断から政策や制度の目的適合性を検討するものだが、それが採用する価値判断は何らかのタイプの帰結主義をとることが多い。そして功利主義だけでなく帰結主義は一般に正義という観念を取り入れにくい。

ところで功利主義者が日常的正義観念の代わりに道徳の究極的な判断基準としていた〈最大幸福〉が適用される対象は、個々人の行為だろうか、規則だろうか、社会全体の構造だろうか、個人の性格だろうか？

法制度の改革の原理として功利主義を提唱したベンサムの場合、その対象は個人の行動というよりもまず社会制度だったろう。しかしミルとシジウィックの場合には、これらのどのレベルでも最大幸福が基準であるかのように見える。また二十世紀後半以降の功利主義者たちは、最大幸福の原理を直接に個人の行動に適用すべきか（行為功利主義）、それとも行動の原理に適用すべきか（規則功利主義）について多くの議論を行ってきた。だがこれらの態度は個人の行動にあまりに厳格な道徳的要求を課すように思われるので——功利主義は各人が**自己の幸福**の最大化を勧める思想だと理解するのは通俗的な誤解だった——、今日功利主義に親近感を持つ人の中には、元祖のベンサムのようにそれを何よりも公共政策の原理として提唱する論者が少なくない。政府は最大の幸福あるいはそれに類似した目的を実現するための政策を採用すべきだというのだ。

しかし本当に〈最大幸福〉が至上の道徳原理だとしたら、それが公共政策だけでなく個人の行動や生き方全体の指針にまでならなくてもよい理由は、プラグマティックなもの——たとえば、人は他人の幸福よりも自分の幸福の方を容易に実現できるとか、自分や自分に近しい人々への偏愛が人間の幸福の基本的な一部をなしているとか——しかありえないように思われる。

結局のところ功利主義は、序章であげた正義論の四つの可能な対象のすべてに適用できるのであり、そのうちどれに特に焦点を当てるべきかは、実際的な考慮によるだろう。

効果的利他主義

実際に個々人に対して最大幸福の実現のために行動するように求める功利主義者も存在

する。その典型的な現実化は、二十一世紀になって英語圏でピーター・シンガーなどによって提唱されるようになった効果的利他主義 effective altruism だ。これは相対的に豊かな人々に対して、最も効率的なチャリティ活動を行う組織に寄付することを勧める思想であり、運動である。

効果的利他主義は個人の善意ではなくそれが現実に世界にもたらす結果を重視するという点でも、また近くの人々や同胞国民の福利にも見知らぬ人々の福利にも等しい重みを与えるという点でも、典型的な普遍主義的帰結主義の思想だ。効果的利他主義者は人々に(特に相対的に豊かな人々に)普通考えられているよりもはるかに大きな要求を行うが、そのことをこの思想の難点とは考えない。またこの立場は、〈「貧者の一灯」よりも大富豪の売名行為である多額の寄付の方が、本当に人々の苦しみを効果的に減らす限り、はるかに重要で価値がある〉という、もしかすると常識に反する主張を含意する。功利主義者ならばこの結論を受け入れるだろう。

その一方、効果的利他主義者は個人による自発的な寄付は求めるが、社会的な視野が乏しくて制度の改革に関心を示さないと批判されることがある。世界の中の貧困や苦しみを救うには、個人の善意に頼るよりも、社会構造全体の不正をただす方が根本的な解決であり、効果的利他主義はかえって問題を矮小化《わいしょう》させてしまう、というわけだ。しかし効果的利他主義と社会構造全体の不正の匡正《きょうせい》とは別に矛盾するものではない。また効果的利他主義が提唱する寄付の仕方は可能な限り経験的なエヴィデンスに基づいているし直接的だが、何が貧困や不幸をもたらす社会制度や構造であり、その匡正方法が何であるかは論争的なことが多いから、面倒な後者の問題について確かな知識を持たない人はもっぱら効果的利他主義を採用することに十分な理由がある。最後に、効果的利他主義は個人の自由意志に反する強制的な寄付を求めるものでもない。

要するに、現代の功利主義的思想には、制度やルールに焦点を置くものもあれば、個人の行動も重視するものもあって、どちらが功利主義の主旨に沿っているかは議論の余地があるが、私は後者に重きをおく効果的利他主義には十分な理由があると考える。

〈幸福の最大化〉よりも〈不幸の最小化〉

ここで最後に指摘しておきたいが、効果的利他主義者をはじめとして多くの功利主義者は実践上、〈幸福（正確には幸福マイナス不幸）の最大化〉よりも〈不幸の最小化〉を目標とする傾向がある。この傾向にはいくつもの理由がある。

第一に、幸福の実体が何かについては論者の中にも「快楽説」「欲求実現説」「客観的リスト説」など多様な見解があり、さらに個々人の性格や感じ方によっても内容が異なりそうだが、それに対して、病気や傷害や飢餓が通常不幸をもたらすということは、いかなる幸福観をとっても、誰についても言えるから、論争の余地が小さい。第二に、幸福な人を一層幸福にするよりも、不幸な人の状態を改善する方が多くの場合コストが小さく容易である（例外はあるが）。これは経済学の用語を使って言えば、個人内だけでなく個人間でも限界効用逓減の法則（〈消費量の増大に従って、その単位当たりの効用の増加分は減少する〉という想定）を適用する発想だ。第三に、これは効用に異なる規範的重みを与えるので純粋な功利主義の発想からは外れるが、〈同じだけの効用の増大なら、幸福の増加よりも不幸の減少の方が道徳上重要だ〉という判断に賛同する人は多いだろう。

第九章　正義とは社会制度の第一の徳である

——ロールズ

二十世紀中葉、実証主義的学問観が道徳哲学の世界でも大きな影響力を持っていて規範倫理学や正義論は下火になっていたが、一九七一年にハーヴァード大学の哲学者ジョン・ロールズが大著『正義論』（改訂版は一九九九年。以下の引用は改訂版の川本隆史ほかの邦訳による）を公刊したことによってその状況は一変した。その後、半世紀以上の正義論は、賛成するにせよ反対するにせよロールズの議論を背景として展開されてきたと言っても過言ではない。

『正義論』でロールズが提唱した「正義の二原理」は、現在日本では高校の社会科の教科書にも載っているくらい有名で、その研究も一時期「ロールズ産業」と言われたほど膨大なものがある。しかしこの章ではロールズの正義論の実質的な内容を検討するよりも、その前提や枠組み――そもそも正義とは何に関する性質であって、その検討ではどのようなアプローチがとられるべきか――を見てみたい。というのは、ロールズの正義論のこのような方法論的特徴がそれ以降の論者たち、特に分配的正義論の論者の多くによってしばしば無批判に受け継がれているにもかかわらず、この側面は「自由の優先性」とか「格差原理」といった彼の実質的な主張ほどには注目されていないようだからだ。

なおロールズの正義論のうち本章で検討する特徴は『正義論』以降、その後の第二の主著『政治的リベラリズム』（一九九三年）や、両者の要約版とも言える『公正としての正義再説』（二〇〇一年）でも実質的に変わっていないと思われるので、研究者の間でよく論じられている、「前期ロールズ」から「後期ロールズ」への変化については触れない。

ロールズの「正義の二原理」

しかしいくらロールズの正義論の実質的な部分を正面から取り上げないとは言っても、それに全然触れないわけにはいかないから、次の骨子だけを述べておこう（その内容をよく知っている読者は、次の二つの段落を飛ばしてもよいでしょう）。

ロールズはそれまで英語圏で有力だった功利主義が「人格の別個性」を無視している、特に分配に関する考慮を欠いているとして批判し、それに代わる「正義の二原理」を「公正な協働システムとしての社会」の制度の基本原理として提唱する。彼は仮想的な「原初状態」の人々がそれを採用するはずだというのである。この「原初状態」は国家なき状態としての「自然状態」とは峻別される思考実験の道具だ。そこでは「無知のヴェール」におおわれて自分の健康状態や能力や性別といった特徴を知らない——それゆえ自分に都合のよいような不公正な判断をしない、とロールズは考える——合理的な人間が、自分の属することになる社会の正義原理を選択すると仮定されている。

「原初状態」で選ばれるとされる正義の二原理のうち第一のものは、各人は平等な基本的諸自由（ロールズはその中に経済的自由を入れない）への権利を持つというものだ。第二の原理は社会的・経済的な（不）平等に関するもので、その不平等は次の二つの制約の下でのみ認められるとする。第一の制約は「格差原理」で、最も不利な人々の状態をそれでも一番ましにするような分配の原理である。ロールズはこれを「互恵性」という観念によって正当化しようとする。もう一つの制約は、「機会の公正な平等」だ。これらのうち、第一の原理は第二の原理に優先して適用され、第二の原理に関しては機会の公正な平等の方が格差原理に優先する。また社会秩序の安定性を重視するロールズは〈民主主義社会であれば正義の二原理は異なった信仰や思想信条の持ち主によって受け入れられるだろうから、その社会は安定したものだろう〉という楽観的な予測を行う。これは「重なり合うコンセンサス」と呼ばれる発想である。

ロールズ正義論の対象

ロールズの考える「正義」とは、本書でこれまで見てきたような、個人や行為が持つ性質でもなければ、個々の規則が持つ性質でさえない。それは社会制度全体が持つべき性質である。彼はこの特徴を繰り返し指摘している。典型的な例を一、二あげよう。『正義論』の第一節「正義の役割」はこう始まる。

真理が思想の体系にとって第一の徳であるように、正義は社会の諸制度の第一の徳である。

『公正としての正義　再説』第四節「基本構造の観念」ではこの主張の理由が次のように述べられる。

公正としての正義の一つの主要な特徴は、基本構造を政治的正義の第一主題とみなしていることである。そうする理由の一部は、市民の目的・願望・性格並びに彼らの機会やそれを利用する能力に対する基本構造の影響が、広範に及び、人生の始まりから存在するからである。われわれの焦点はほとんどもっぱら政治的・社会的正義の主題としての基本構造である。（4.2）

続いて彼は、私的な結社や団体内部の正義に触れた後でこう書いている。

われわれは正義の三つのレベルをもつことになる。［……］まず第一に、ローカルな正義（さまざまの制度や結社に直接適用される原理）、第二に、国内的正義（社会の基本構造に適用される原理）、そして最後にグローバルな正義（国際法に適用される原理）となる。公正としての正義は、国内的正義――基本構造の正義――から始めることになる。そこから、外に向かっては諸国民の法へ、内に向かってはローカルな正義へと影響を及ぼすことになる。（同上）

つまりロールズの考えでは、社会の基本構造（以下に出てくる「基礎構造」も同じ）に関する国内的正義が基本にあり、それが内ではローカルな正義、そして外ではグローバルな正義に影響を及ぼすのであって、その反対の、ローカルな正義あるいはグローバルな正義から国内的正義への影響は考えられていない。影響は一方的なものに限られる。

それだけではない。ロールズの念頭にある「ローカルな正義」とは「会社や労働組合、教会、大学、家族」といった団体に、あるいはその内部に関するものであって、団体内部**でない**個人間、あるいは団体と外部の個人との間の関係に関するものではない。その結果として、ロールズの「正義の三つのレベル」のどこにも、市場を含む市民社会の私人や私的団体の間の関係にかかわる正義、言い換えれば所有権法・契約法・不法行為法といった財産法や刑法の大部分にかかわる正不正は含まれないことになる――これらは近世自然法論者やヒュームやスミスが主として考えていた正義なのだが。
ロールズは正義への自分のアプローチが伝統的な「各人に彼の権利を」という定式（本書第一章三七頁を参照）やその元になったアリストテレスの正義概念と異なるように見えるということを認める。しかしロールズによればそれは誤解にすぎない。なぜなら——、

たいていの場合、こうした〔諸個人に賦与されるべき〕権利資格は、社会制度およびび制度によってもたらされる正統な予期から導き出されるものと思われる。アリストテレスがこの点に反対すると考える理由はまったくない。彼は確実に、こうした権利要求の正当性を説明するための社会正義の一構想を抱いている。本書が採用している正義の定義は、最も重要なケースである基礎構造の正義に直接適用することを企んだものである。伝統的な正義の観念との間に、何らの不一致も存在するものではない。

（『正義論』第二節「正義の主題」末尾）

つまり個人の正当な権利や義務は基礎的な社会制度が生み出すものであって、アリストテレスもそう考えていた、というのだ。
私はロールズのこの主張に賛成できない。アリストテレスも、本書で見てきた近世・近

代の思想家たちも、その大部分は、共通な（と彼らが考える）人間性および人間関係に関する個別的な正不正・適切性の判断に基づいて正義を論じてきた。彼らはそのような正義観から、あるべき社会制度や国家の像を考えていた。つまり彼らは自分が抱懐する正義観念を実現し促進するような制度を求めたのであって、ロールズのようにまず国の全体の制度そのものが正義の表現だと考えたのではない。

このことはロールズが持ち出すアリストテレスについても言える。アリストテレスが考える矯正的正義も応報的正義も、ポリス全体のあり方にかかわるものではなく、市民間の関係だった。もっともアリストテレスは分配的正義の基準はポリスによって異なると言ったから、この点でアリストテレスはロールズに反対しなかったかもしれないが、この特定の論点は彼の正義論の一部にすぎない。またアリストテレスの言う「広い意味の正義」、つまり他人との関係において現れた徳一般は、社会制度の性質から一層かけ離れている。

ロックなどの近世自然法論者について言えば、彼らはまず、人が特定の国の**国民・市民**としてではなく、**個人**として持つ基本権——その典型は自己の生命や身体への権利——から出発して、それらの自然権を実効的に保護・実現する国家制度を提唱した。これは一国を「公正な協働システムとしての社会」とみなし、その「公正としての正義」という根本的発想からより具体的な「基本的諸自由」に至るロールズの発想とは全く異なる。

単純化を恐れずに言えば、正義論への伝統的なアプローチの多くは、個人（私人といった方が一層明瞭だろう）間の関係についての個別的な判断から発するボトムアップの方法であり、ロールズのアプローチは（国内の）基礎構造に関する全体的構想から引き出されるトップダウンの方法である（ついでに言えば、「最大幸福」という原理から導き出される功利主義の正義論もトップダウンの理論の一例である。ただしそれはロールズのように「社会の基礎構造」だけを特別扱いするわけではない）。両者のアプローチの間にいくらかの共通点が認められるにしても、その基本的な発想は正反対である。本章の以下の部分ではこの主張を立証しよう。

社会の基礎構造と「無知のヴェール」

ロールズは『正義論』と『公正としての正義　再説』以外では、『政治的リベラリズム』に収められた論文「主題としての基礎構造」でこの問題に関する見解を述べている。ロールズはこの論文の冒頭で、「正義の契約論的な構想には、社会の基礎構造が正義の第一主題であるという、本質的な特徴がある。この特殊だが見るからに非常に重要な主題に関して正義の理論を編み出そうとすることから、契約論の見解は出発する」と書いているが、この文章はその中の「契約論」という言葉を「私の契約論」と書き換えない限り誤りである。契約論（契約主義）の中には「社会の基礎構造」を主題としない契約主義のヴアージョンも多いからだ。

現代の契約主義者だけに限定しても、たとえばジャン・ナーヴソン（『リバタリアン・アイディア』未邦訳）やT・M・スキャンロン（『われわれがお互いに負っていること』未邦訳）やデレク・パーフィット（『重要なことについて』特に第Ⅱ、Ⅲ部）の契約主義はまず道徳的正不正一般に関する理論であって、社会の基礎構造だけを主題とするものではない。特にパーフィットは、「社会の基礎構造」に触れず、ロールズ版の契約主義をも個人の行動の正しさに関する原則として検討している。

「契約主義」と呼ばれる道徳理論は、仮説的な契約から正義の原理を導き出そうとする思想だが、それはその契約の参加者としてどのような人がどのような条件下で契約を結ぶと想定するかによって、さまざまのヴァージョンに分かれる。ロールズ版の契約主義は周知のように、「無知のヴェール」の下で自分がどのような人かも知らず、一般的知識しか持たない人が選ぶとされる正義原理を導き出そうとするものだ。

だが「無知のヴェール」の下にある合理的な人ならば本当にロールズの「正義の二原理」を選ぶかどうかについて、当初から多くの説得的な疑問が提起されてきた。たとえば自分がどのような性質を持つか知らない人が分配の原理として格差原理をとるかどうかは疑わしい。そのような人ならば平均効用が最大になる功利主義の原理を選ぶはずだという見解もある。原初状態の人がリスク回避的でないとしたら自分の平均的な期待利益を最大化しそうだから、この説には一定の説得力がある。一歩譲ってかりに原初状態の人がリスク回避的だとしても、一定限度の生活レベルが保証された上での効用最大化を選ぶだろうと考えることもできよう。

また原初状態の人が持っているとされる一般的知識の内容が何であるかも問題だ。たとえば大部分の人間が「自分の体は自分のものだ」という自己所有権テーゼを信じているという知識や、政府の失敗に関する知識を原初状態の人が持っていたら、そこで選ばれる正義の原理はロールズのものよりもずっと経済的自由と自由市場を支持するリバタリアニズム寄りになるだろう。

そもそも直前にあげた契約主義者たちは、「無知のヴェール」というロールズの前提自体をとらない。契約主義の大きな魅力の一つは、人々の（現実のではなく仮説的とはいえ）同意を取りつけられるだろうという点にあるのだが、その「契約」の参加者たちが自分自身の性質やごく基本的な価値観や目的や利害のような重要な情報さえ持っていないとしたら、「参加者」は実質上、マイケル・サンデルが『リベラリズムと正義の限界』（菊池理夫訳、勁草書房）で言うところの「負荷なき自我unencumbered self」だけに絞られてしまい、契約主義の魅力の多くが失われてしまう。それは複数の異質な人々の間の同意・契約ではなく、個性を捨象された想像上の一人物の決定に帰着してしまうのである。

だからロールズ以外の多くの契約主義者が「無知のヴェール」という強い制約を採用しないのももっともだ。ロールズは仮説的契約の内容が契約者たちの利己的な考慮から歪められて不公正になるのを避けようとして「無知のヴェール」を持ち込んだのだが、その目的だけのためなら、当事者をそれほど肝要な情報から遮断しなくても、合意形成過程に何らかの公正の要請を課せばよい。

ところで契約主義をとる場合、〈ある行為が正しいのは、それが誰にも斥けられない原理によって要求されているからなのか？　それともその行為がもともと正しいからこそ、誰も斥けることができない原理がそれを要求するのか？〉という問題が生ずる。「無知のヴェール」を採用しない契約論者は前者の発想に、ロールズのようにそれを要求する論者は後者の発想に親しむ。なぜならロールズは契約論者とはいえ、初めから彼が信じている正義の原理を正当化できるように原初状態を特徴づけているからだ。

最初のテーマに戻ると、ロールズが〈契約主義は社会の基礎構造を正義の主題としている〉と主張しているのは、彼が自分の問題関心を契約主義の中に持ち込んでいるからにすぎない。それは論点の先取りである。

ロールズはリバタリアニズムをどう考えたか

ロールズは「主題としての基礎構造」論文の第三節「リバタリアニズムは基礎構造に関して特別な役割を持たない」において、まさにその節の題名通りの主張を展開する。『アナーキー・国家・ユートピア』(嶋津格訳、木鐸社)のロバート・ノージックのような、諸個人の所有権から出発するリバタリアンは私的な団体以上の特別の地位を国家に認めないから、基礎構造に関する特別な正義の理論の余地を残さない、とロールズは書いている。

リバタリアニズムに関するロールズのこの診断はどのくらい正しいだろうか? それは〈リバタリアニズムは国家に特別の地位を認めない〉という点では誇張だが、〈それは基礎構造に関する特別な正義の理論を持たない〉とする点では正当だ。

私が前者の主張は誇張だと言うのは、リバタリアンの中にも私的団体とは異なる国家の特別の地位の正当性を認める人は多いからである。リバタリアンの誰もが無政府主義者であるわけではない。自己所有権から出発する自然権論者のリバタリアンであるノージックさえ人々の権利の保護に徹する「最小国家」は容認している。それは財の分配を行う国家ではないが、ともかく私的な団体が持たないような実力行使の機能を独占する。

さらに今日の多くのリバタリアンは、必要があれば最小限度の福祉給付や公共財の供給や災害の予防なども国家の正当な機能として認める用意がある。しかしそのようなリバタリアンは、これらの国家の義務は、私的な（民間の）社会の中でも本来人々が個人的に、あるいは集団的に負うべきものだと考えている。たとえばロックは、自然状態では余裕のある人は自分の力だけでは生きていけない人のためにチャリティの義務を負うと言っていた。リバタリアニズムの国家が行う活動の中には、諸個人の権利の保護以外にも、そのような諸個人の自然的義務の代行が含まれている。

しかしリバタリアニズムは、国家がそれを超えて平等主義的な財の分配や産業政策や文化政策を実施することには反対するだろう。それらの政策は個人的にも集団的にも誰の義務でもなく、私的なイニシアティヴに委ねられるべきものだからだ。国家は私人や私的団体が持たない特別の権限を持つが、それは**諸個人の権利によって**正当化されるとともに制約される。だからロールズの診断のうち、〈リバタリアニズムは基礎構造に関する**特別な**正義の理論を持たない〉という部分は正しいが、リバタリアンはそれがリバタリアニズムの欠点だとは考えない。彼らは基礎構造について原理的に異なる特別の正義論があるという前提を否定するからだ。

要するにリバタリアニズムでも国家に特別の地位——それは他の政治理論におけるよりもはるかに制限されたものだろうが——を認めて、国家が従うべき原理や原則を探究することが可能だが、それらの原理は私的な人々や団体に妥当する正義原理を前提として、そこから派生するものである。私人間の正義から独立に、それよりも前に社会の基礎構造に関する正義を決めなければならない、というわけではない。

なぜ「社会の基礎構造」が正義論の主題なのか

ではロールズは自分の正義論が「社会の基礎構造」を特別の主題、それも第一の主題とすることをいかにして正当化するのだろうか？　彼のあげる理由は大きく二種類に分けることができる。

その第一は、人々の自発的な諸合意から生ずる結果が社会的な観点から見て正義に適っているか否かは、人々の行動だけからはわからない、というものだ。「というのも、その評価は、基礎構造の諸特徴に、つまり基礎構造が後ろ盾となる正義の維持において成功しているかどうかにかかっているからである」。これらの理由から、「基礎構造と、個人および連合体に直接に適用され、個々の相互作用において彼らによって遵守されるべきルール群との間の、制度的分業」が必要とされる。ロールズはこの議論を「後ろ盾となる正義の重要性」という名で呼んでいる（「主題としての基礎構造」第四節）。

第二の理由は、人々の性格特性や利害関心、換言すれば達成目標と願望は決して固定された自然の贈り物ではなく、社会構造によって影響される、というものだ。ロールズによれば、「正義の理論が統制しなければならないのは、社会的なスタート地点の地位、生来の相対的な有利性、そして歴史的偶発性から生じる、市民の間にある人生の見通しにおける不平等である」(同上第五節)。

そしてロールズによれば、彼の提唱する仮想的な初期合意はこれらの「広範で深遠な偶然の諸効果」を許すことがないように、無知のヴェールを採用しなければならない(同上第六節)。そして「共同の企てや現行の連合体」においては個々人の貢献度が測定されるだろうが、それとは異なり、ロールズの社会契約の文脈は次の通りだとされる。

〔1〕私たちの社会における成員資格は所与のものであること、〔2〕その社会に属していなかったら自分がどうなっていたかを知る由はないこと(おそらくそうした考え自体が意味をなさないだろう)、〔3〕全体としての社会は、連合体や個人がそうであるようには、諸目的や諸目的の順序付けを持たないこと。(同上第七節)

つまり各人にとって自分が生まれ落ちた国家(ロールズはここでは「社会」と言っているが、彼の考える「社会」が私的な市民社会ではなく、国家の単位とレベルで考えられた政治的社会にほかならないことは明らかだから、そのことを強調するためにあえて「国家」と書く)は脱退が予想されていない運命共同体なのだ。

そしてこれからは「格差原理」に焦点を当てて紹介するが、ロールズによれば、あらゆる経済的・社会的利害は社会の基礎構造によって決定されるのだから、ある人が得る事物は「社会の成員としての諸個人によって獲得されたもの」でしかありえず、「正義の二原理は基礎構造の内部で、連合体あるいはほかの形態の協働への貢献に対する見返りに、さまざまな権原が得られる仕方を統制する」。なぜなら「市民の真価を比較する限りにおいて、正義にかなう秩序だった社会における彼らの真価はつねに等しい」からである（以上、同上第八節）。ある一定の経済的・社会的不平等を容認する格差原理も、この「全員の取り分の平等」という出発点から始まって正当化されるものである（同上第九節）。

「格差原理」を検討する

これらの議論は私にとって納得できない点ばかりだ。ロールズの「基礎構造」先行論は特にノージックのような自然権的リバタリアニズムを論敵として、分配的正義の一理論である「格差原理」を擁護するために行われている。そこでこの背景を念頭に置いて、私がこれらの議論に反対する理由を述べよう。

第一に、ロールズの「後ろ盾となる正義の重要性」の議論については、「後ろ盾となる正義」の内容が問題だ。ロールズはあたかもその内容について人々の間で意見の一致があるかのように書いているが、そんなことはない。たとえばロールズは自由市場のルールに従った取引の結果であっても不公正なことがあると言うが、ロックやヒュームなら、まさにそのルールを守ることこそが正義だと言うだろう。確かに詐欺や脅迫だけでなく貧困も問題だが、リバタリアンや古典的な自由主義者たちは、財産の相対的な不平等はそれ自体では問題でないと考える。問題なのは富の不平等ではなく貧困である。誰もが平等に貧しい状態よりも、富の不平等があっても誰もがそれほど貧しくない社会の方がずっとよい。

また「ロールズ正義論の対象」の節で述べたように、自然権論者なら、また一部の契約論者も、社会制度が実現すべき正義は個々人にとっての正義と別物ではなく、むしろ後者から導き出されるものだ、と反論するだろう。個々人の（道徳的）観点から独立した「社会的観点」からの正義なるものがあるわけではない。

第二に、ロールズが言うように人々の性格や能力や信念や利害が社会構造によって影響を受けるということは誰も否定しないだろうが、それらに影響を与えるものは社会構造だけではない。人は自分の家族や親しい人々や有名人や読書経験などあらゆる環境から影響を受けるのだし、そもそも自分の生まれつきの性質や素質によって決定される部分も大きい。またロールズは社会構造が個人に与える影響ばかりを強調するが、社会構造自体が、その個々の成員の信念や行動によって左右されることも無視してはならない。

だがともかくロールズは個々人の育った環境や生来の性質も道徳的に見れば偶然的な要素にすぎないと考えているのだから、個人の状況に対する**あらゆる**原因による影響を道徳上同視していることになる。それなのに彼が特に「社会の基本構造」を正義の第一の対象とするのは、生来の性質は、そしてそれよりも程度は小さいが生育の環境は、強制的に変えることができないが、社会の基本構造は設計できると考えているからなのだろう。

しかし〈どのような影響下で生じたにせよ――生まれつきにせよ、環境にせよ――本人の性質や願望や価値観や利害は偶然的なものだからそれらの結果は正義論において（実際的な考慮からはともかく）道徳的には捨象すべきである〉というロールズの主張は、偶然的要素から生じた個性を持っている現実の人々を尊重するものではない。私は自分が現に持っている特徴・性質を備えた者として尊重されたい。ロールズは功利主義が「人格の別個性」を無視しているとして批判したが、功利主義者ならずとも〈この批判は熨斗《のし》をつけてロールズに返上したい〉と言いたくなるところだ。

「国民」という本質的な要素

ロールズの正義論においては、諸個人の生来の能力も素質も性格も性別も、育った環境もそれらに影響された現在の願望や利害も、すべて偶然的なのだが、ただ一つそうでない性質がある。それは当人がどの国に属するかだ。ロールズの言うところでは、人は自分が自らの属する社会に属していなかったらどうなったかを知ることができず、それどころか「おそらくそうした考え自体が意味をなさない」のだった。

つまりたとえば日本人が、〈自分が中国やアメリカに生まれていたらどうなっていただろうか？〉と想像すること自体が「意味をなさない」のだろう。なぜならそのとき、日本人である「自分」自身が存在しないことになるからだ。別の言い方をすれば、ロールズ正義論における自由で平等だと言われる人のアイデンティティは、生来の性質でも生き方でも信条でもなくて、国民という地位だけに依存している。ロールズの発想では、人はたまたま男や女に、またたまたま何らかの才能や性格を持って（あるいは持たずに）生まれつくが、たまたまある国の市民になったわけではないのだ。

ロールズは、社会全体は利益を生み出す協働作業なのだから、その利益は公正な制度的枠組みに従って分配されるべきだと考える。しかし社会というものは特定の共通の目的や価値に導かれた協働作業ではない。社会はそれぞれ異なる利害や価値や信念や目的を持った諸個人の行動の集積であって、正義とはそれらの行動を平和裏に公正に保障し促進するための原理だと考えれば、「基礎構造」よりも、もっと個別的なルールに着目すべきだ。

また厳重な鎖国下でもない限り、ここで言う「社会」が一国に限定されるべき理由も存在しない。

政治的正義観念一般の批判

私はすでにロールズの「格差原理」との関係で彼の政治的正義観念を批判したが、次にもっと一般的な観点からそれを検討する。

私が「社会の基礎構造」を第一の主題とするロールズのアプローチに不満を感ずる理由を説明するためには、一つの例から始めるのがよいだろう。

政治家や政治的ジャーナリストが襲撃を受けると、しばしば〈デモクラシーにおいては、自分と異なる政治的意見を暴力によって封殺することは許されない〉といったことを言う人がいるが、私はこの主張に不満を感ずる。私の不満は〈政治的であろうがなかろうが、自分と異なる意見を暴力によって封ずることは、デモクラシーだけでなくどんな制度でも許されないはずだ〉というものである。それは独裁国家や権威主義国家でも許されるべきでない。この判断はデモクラシー理論家だけでなく誰もが賛成できるものだろう。むしろ政治的問題を暴力ではなく投票によって解決するという点こそが、デモクラシー（だけではないだろうが）という政治体制の一つの長所なのである。

つまり正義に関する判断が特定の種類の政治制度を正当化するのであって、政治制度の方が正義の内容を決めるのではない。この観点から見ると、最初に「社会の基礎構造」についての正義を論じ、それを具体化しようとするロールズの正義論は本末転倒だ。

もっともロールズ自身は、政治的正義の原理は個人や私的団体の遵守すべきルールとは違うと考えて役割分担を提唱している。しかしもしロールズの理想国家の市民が彼の正義原理を受け入れているために社会の安定が実現されるとしたら、そのような道徳的分業がなぜ必要なのかは明らかでない。正義の原理の発想は可能ならば私生活にも適用されるべきではないのか？　政治的正義は支配者——それが一部の政治家あるいは行政のエリートであれ、あるいは能動的な公民全体であれ——の統治の指針である一方、私法や刑法のルールは私人の私生活のためのもので、両者は無関係なのか？　おそらくロールズは、政治的正義は直接個人の行動に適用されるわけではないが、それに大きな影響を与えると考えているのだろう。この問題を次に考えよう。

ロールズ的社会における個人の行動の正しさ

ロールズは『正義論』の第三部「諸目的」の中で、彼の考える正義にかなった社会の中の人々の道徳心理を論じていて、徳（彼はそれを「道徳的真価」とも呼ぶ）の問題にも触れている。しかしそこでの議論は、他でもないロールズの正義の原理が受け入れられているという事態を初めから前提とするものだ。たとえば彼は書いている。

道徳的真価を備えた人とは、原初状態の人々にとってお互いに関して欲することが合理的であるような、道徳的性質に関する広範な基盤を有している特質を平均以上に備えている人である。**正義の原理はすでに選択されており、また**〔この原理が〕**厳格に遵守されることが想定されている**のだから、各人は〈社会において、自分はそうした規範の厳守を支持する道徳的情操を他の人々が持つことを欲するであろう〉ということを知っている。（第六十六節、五七四頁。強調は私による）

つまりロールズの道徳心理学は、人間一般の心理ではなく、彼の正義原理を前提として、厳格にそれに従う人々の心理に関するものにすぎないから、徳に関するロールズの議論は彼の政治的正義原理からの派生物であって、徳の方が基盤にあるのではない（そのため私は『正義論』第三部にここまで触れてこなかった）。ロールズは彼の正義の原理を受け入れない人々の道徳心理には関心を持っていないらしい。ただしその一方で、ロールズは自分が前提する人々が社会の中でそれぞれ自分自身の目的を追求すると考える。

しかし徹底した分配的平等主義者であるG・A・コーエンは、〈ロールズが格差原理を正当化する議論は、人々が私生活で（コーエンの考えでは不当にも）利己的な行動をすることを許しているが、それでは首尾一貫しない〉として批判した。そもそも恣意的な不平等を不当だとする格差原理の論拠からすれば、誰もが経済的なインセンティヴなしでも不遇な人の状態を向上させる義務があるはずだ、そうしないような人は不正に行動していることになる、というのである（コーエン『正義と平等を救出する』未邦訳）。

私の見るところでは、格差原理に関するロールズの態度が首尾一貫していないというコーエンの議論にはもっともな点があるが、その一方コーエンの平等主義は抑圧的すぎて、かえって格差原理のreductio ad absurdum（還元による背理法。ある議論の結論が受け入れられないということから、その前提を反駁する論法）になる。この事実は「社会の基礎構造」中心の正義論へのアプローチに疑問を投げかけることになる。

われわれは「社会の基礎構造」について（もし考えるとしたら）考えるずっと前から、人間相互の関係について正不正の判断を行ってきた。「社会の基礎構造」など知らない幼児でさえ、「自分のもの」と「人のもの」を区別し、どのような行為が不正なのかを判断している。そして成長してからも、一群の基本的な正義判断を日常的に行ってきた。

これらの素朴な判断がすべて正当だというわけではなくて、経験的事実と論理性に基づき、他の判断や発想の冷静な評価も行う理性的な検討にさらされるべきだが、それでもやはりわれわれの正義に関する考え方の大きな部分はこれらの具体的判断からボトムアップに形成されるものであって、社会全体の正しいあり方に関する抽象的な判断だけからトップダウンに導き出されたものではない。

「政治的正義」も重要だが、正義論の第一の主題ではない

ただしロールズの「社会構造の第一の徳としての正義」の発想をとらないにしても、「政治的正義」あるいはその同義語としての「社会正義」という観念が不用だというわけではない。私は人々の基本的権利の実効的な保護と実現のために国家が私人の持たない権力を持つ必要性を認めるから、公的団体だけに適用される独自の「政治的正義」という観念があってよいと思う。しかしそれは私人間の正義と無縁ではなく、むしろそれに基盤を置いていなければならない。

国家の制度に代表される社会の基本構造は私人・私的団体が持たない権力を持っているのだから、正義論はその特別の力の限界を画すために重要な役割を持つ。特に現代のように行政国家が巨大な活動範囲と財力と情報を持っている時代にはそうだ。その限りで「政治的正義」という概念は有効だ。だがこのことは、社会の基本構造を正義の第一の主題にも唯一の主題にもするものではない。

序章で行った、正義の対象の四分法を思い出そう。これまで正義は行為・規則・社会の基本構造・性格のいずれかについて論じられてきた。これらの対象はいずれも重要だが、私の理解するところでは、説得力ある道徳の基礎にあるのは個々人の幸福と自己所有権だ。そうだとすると、正義論を一番有益に論ずることができるのは規則のレベルだ。私の賛同する正義論のアプローチは、まず人間行動の正不正の基準の規則を画定することから始まる。それは最初に〈いかなる社会構造が望ましいか？〉という問題を設定するわけではない。

正しい基本構造とは、結局正義にかなった諸規則を体現し実行するものだ。国家がその任務を超えて、たとえば人々の間にあるべき関係や秩序を作り出そうとするのは、僭越《せんえつ》な仕業だと私は考える。

あとがき——文献案内をかねて

最後に本書で検討した古典的著作の邦訳をあげます。

第一章　プラトンの『国家』には複数の邦訳がありますが、藤沢令夫訳（岩波文庫）を用いました。

第二章　アリストテレスの『ニコマコス倫理学』には複数の邦訳がありますが、高田三郎訳（岩波文庫）を用いました。

第三章　ホッブズの『リヴァイアサン』には複数の邦訳がありますが、水田洋訳（岩波文庫）を用いました。

第四章　ロックの『統治二論』には複数の邦訳がありますが、加藤節訳（岩波文庫）を用いました。

第五章　ヒュームの『人間本性論　第三巻　道徳について』には複数の邦訳がありますが、伊勢俊彦・石川徹・中釜浩一訳（法政大学出版局）を用い、『道徳原理の研究』は渡部峻明訳（晢《せつ》書房）を用いました。

第六章　スミスの『道徳感情論』には複数の邦訳がありますが、高哲男訳（講談社学術文庫）

を用い、『法学講義A』は水田洋ほか訳『アダム・スミス　法学講義　1762〜1763』（名古屋大学出版会）を、『法学講義B』は水田洋訳『法学講義』（岩波文庫）を用いました。

第七章　カントの『道徳形而上学の基礎づけ』と『実践理性批判』と『人倫の形而上学』には複数の邦訳がありますが、前二者は中山元訳（光文社古典新訳文庫）を用い、『人倫の形而上学』は加藤新平ほか訳（中央公論社『世界の名著　カント』に収録）を用いました。スペンサーの『社会静学』は私の編訳『ハーバート・スペンサー　コレクション』（ちくま学芸文庫）に抄訳がありますが、『倫理学原理』*The Principles of Ethics* は邦訳が存在しないので、Liberty Fund版（一九七八）から私が訳しました。

第八章　ベンサムの『道徳および立法の諸原理序説』は中山元訳（ちくま学芸文庫）を用いました。ミルの『自由論』と『功利主義』には複数の邦訳がありますが、いずれも関口正司訳（岩波文庫）を用いました。シジウィックの『倫理学の諸方法』*The Methods of Ethics* は入手しやすい邦訳がないので、原書第七版（Hackett, 1981）から私が訳しました。

第九章　ロールズの『正義論　改訂版』は川本隆史ほか訳（紀伊國屋書店）を用い、『政治的リベラリズム　増補版』は神島裕子・福間聡訳（筑摩書房）を用い、『公正としての

正義　再説』は田中成明ほか訳（岩波現代文庫）を用いました。ノージックの『アナーキー・国家・ユートピア』は嶋津格訳（木鐸社）を用いました。

次は研究文献です。古代ギリシアから現代までの正義論を概観した書物は、少なくとも日本語では管見の限りほとんどありません。デイヴィッド・ジョンストン『正義はどう論じられてきたか——相互性の歴史的展開』（押村高ほか訳、みすず書房）は、訳書の副題が示唆しているように功利主義とも義務論とも異なる「相互性」という観念（本書の分類で言えば一種の契約主義に近い）に、サミュエル・フライシャッカー『分配的正義の歴史』（中井大介訳、晃洋書房）は、「分配的正義」という観念が近世までと現代では全く異なるという点に、それぞれ関心を集中させています。またデイヴィッド・バウチャー／ポール・ケリー編『社会正義論の系譜——ヒュームからウォルツァーまで』（飯島昇藏ほか訳、ナカニシヤ出版）は有益な論文集ですが、副題からわかるようにヒューム以降の正義論しか扱っていません。

そのため以下では各章に関する研究文献をあげますが、古典の解釈（に限らず）には時代の流行があり、また新規性を過大評価する傾向もあって、新しい研究が古い研究より必ず進歩しているわけではないので、本書執筆に際して特に役に立った書物だけにしておきます。それらの書物のほとんどにはさらなる研究文献が記載されています。

序　章　現代の倫理学説の四分については、大庭健編・古田徹也監訳『現代倫理学基本論文集　Ⅱ・Ⅲ』（勁草書房）が、詳細な解説とともに有益です。

第一章　私は『ギリシア人の刑罰観』（木鐸社）の中でもプラトンの正義論を論じたので、その論述を参考にしてもらえれば幸いです。私がその際最も有益に利用したのは、W. K. C. Guthrie, *A History of Greek Philosophy, Volume 4* (Cambridge University Press. 未邦訳）でした。

第二章　日本語で読める『ニコマコス倫理学』のすぐれた入門書はJ・O・アームソン『アリストテレス倫理学入門』（雨宮健訳、岩波現代文庫）です。特に本書六九頁以下の「人間の四分法」で利用しました。一番私の役に立った研究書はW. F. R. Hardie, *Aristotle's Ethical Theory*, 2nd ed. (Oxford University Press. 未邦訳）です。

第三章　ノルベルト・ボッビオ『ホッブズの哲学体系――「生命の安全」と「平和主義」』（田中浩ほか訳、未來社）。また簡潔ですが長尾龍一『リヴァイアサン――近代国家の思想と歴史』（講談社学術文庫）も役に立ちました。

第四章　本章の議論は私の『ロック所有論の再生』（有斐閣）に基づいています。そこに多くの研究書もあげています。その後の研究書としては下川潔『ジョン・ロックの自由主義政治哲学』（名古屋大学出版会）を推奨します。

第五章　クヌート・ホーコンセン『立法者の科学――デイヴィド・ヒュームとアダム・スミスの自然法学』（永井義雄ほか訳、ミネルヴァ書房）、特に第二章。桂木隆夫『自由と懐疑――ヒューム法哲学の構造とその生成』（木鐸社）も有益でした。

第六章　前章に続きホーコンセン『立法者の科学』特に第三―六章と、堂目卓生『アダム・スミス――『道徳感情論』と『国富論』の世界』（中公新書）。本章の道徳判断に関するいくつかの図は堂目の著書から想を得たものです。

第七章　本文で言及したデレク・パーフィット『重要なことについて　第1巻』（森村進訳、勁草書房）。またH・J・ペイトン『定言命法』（杉田聡訳、行路社）とオノラ・オニール『理性の構成』（加藤泰史監訳、法政大学出版局）も有用でした。

第八章　功利主義一般について、カタジナ・デ・ラザリ＝ラデク／ピーター・シンガー『功利主義とは何か』（森村進・森村たまき訳、岩波書店）と児玉聡『功利主義入門』（ちくま新書）が参考になりますが、いずれも正義の観念に焦点を当てているわけではありません。ジョン・ロールズ『ロールズ政治哲学史講義Ⅱ』（齋藤純一ほか訳、岩波現代文庫）にはミルとシジウィックの正義論の紹介が含まれています。

第九章　現代の正義論についての文献は日本語だけでも数多くありますが、入門書としては神島裕子『正義とは何か――現代政治哲学の6つの視点』（中公新書）が、少し進んだ概説としてはウィル・キムリッカ『新版　現代政治理論』（千葉眞・岡﨑晴輝訳、日本経済評論社）がすぐれています。

私は二〇二一年に出版した論文集『自由と正義と幸福と』（信山社）の序文で、「これらの論文は法哲学・倫理学のさまざまのトピックにわたりますが、私がそこで重視してきた三つの主要な価値を示すために『自由と正義と幸福と』という題名をつけました」と書きました。ちょうどそれと符合するように、本書は私がすでに公刊した『自由はどこまで可能か』（講談社現代新書）と『幸福とは何か』（ちくまプリマー新書）とあわせて、自由・幸福・正義に関する新書三部作をなすことになります。本書が前の二冊同様広い範囲の読者を得られることを願っています。

講談社学芸第一出版部の小林雅宏さんからは多くの有益なコメントと提案をいただいて最初の原稿を大幅に改善することができました。ここに感謝を記します。もしカントが小林さんのような編集者に恵まれていたら、もっと整理されていてあれほど難解でない著作を遺すことができたでしょう。

二〇二三年立冬の日

森村　進

人名索引（「あとがき」を除く）

N.D.C. 321　253p　18cm
ISBN978-4-06-534585-6

講談社現代新書　2735

正義《せいぎ》とは何《なに》か

二〇二四年一月二〇日第一刷発行

著　者　森村《もりむら》　進《すすむ》

発行者　森田浩章
発行所　株式会社講談社
東京都文京区音羽二丁目一二―二一　郵便番号一一二―八〇〇一
電　話　〇三―五三九五―三五二一　編集（現代新書）
〇三―五三九五―四四一五　販売
〇三―五三九五―三六一五　業務
装幀者　中島英樹／中島デザイン
印刷所　株式会社ＫＰＳプロダクツ
製本所　株式会社国宝社
定価はカバーに表示してあります　Printed in Japan

「講談社現代新書」の刊行にあたって

教養は万人が身をもって養い創造すべきものであって、一部の専門家の占有物として、ただ一方的に人々の手もとに配布され伝達されうるものではありません。

しかし、不幸にしてわが国の現状では、教養の重要な養いとなるべき書物は、ほとんど講壇からの天下りや単なる解説に終始し、知識技術を真剣に希求する青少年・学生・一般民衆の根本的な疑問や興味は、けっして十分に答えられ、解きほぐされ、手引きされることがありません。万人の内奥から発した真正の教養への芽ばえが、こうして放置され、むなしく滅びさる運命にゆだねられているのです。

このことは、中・高校だけで教育をおわる人々の成長をはばんでいるだけでなく、大学に進んだり、インテリと目されたりする人々の精神力の健康さえもむしばみ、わが国の文化の実質をまことに脆弱なものにしています。単なる博識以上の根強い思索力・判断力、および確かな技術にささえられた教養を必要とする日本の将来にとって、これは真剣に憂慮されなければならない事態であるといわなければなりません。

わたしたちの「講談社現代新書」は、この事態の克服を意図して計画されたものです。これによってわたしたちは、講壇からの天下りでもなく、単なる解説書でもない、もっぱら万人の魂に生ずる初発的かつ根本的な問題をとらえ、掘り起こし、手引きし、しかも最新の知識への展望を万人に確立させる書物を、新しく世の中に送り出したいと念願しています。

わたしたちは、創業以来民衆を対象とする啓蒙の仕事に専心してきた講談社にとって、これこそもっともふさわしい課題であり、伝統ある出版社としての義務でもあると考えているのです。

一九六四年四月　野間省一